싱글의 5가지 사랑의 언어

THE FIVE LOVE LANGUAGES FOR SINGLES
by Gary Chapman

This book was first published in the United States
by Northfield Publishing,
820 N. LaSalle Blvd., Chicago, 60610, with the title
The Five Love Languages for Singles
Copyright ⓒ 2004 by Gary Chapman.
All rights reserved.

Korean Edition published by Word of Life Press, Seoul 2006, 2015.
Translated and published by permission.
Printed in Korea.

싱글의 5가지 사랑의 언어

ⓒ 생명의말씀사 2006, 2015

2006년 2월 5일 1판 1쇄 발행
2013년 11월 30일　　11쇄 발행
2015년 2월 16일 2판 1쇄 발행
2021년 10월 7일　　5쇄 발행

펴낸이 | 김창영
펴낸곳 | 생명의말씀사

등록 | 1962. 1. 10. No.300-1962-1
주소 | 서울시 종로구 경희궁1길 6 (03176)
전화 | 02)738-6555(본사) · 02)3159-7979(영업)
팩스 | 02)739-3824(본사) · 080-022-8585(영업)

기획편집 | 정설아
디자인 | 김혜진, 윤보람
인쇄 | 예원프린팅
제본 | 정문바인텍

ISBN 978-89-04-16494-3 (03230)

저작권자의 허락 없이 이 책의 일부 또는 전체를
무단 복제, 전재, 발췌하면 저작권법에 의해 처벌을 받습니다.

THE FIVE LOVE
LANGUAGES FOR SINGLES
싱글의 5가지 사랑의 언어

THE FIVE LOVE
LANGUAGES
FOR SINGLES

역자 서문

애견가에게 개고기를 대접하고 있지는 않습니까?

어떤 목사님이 한 교회에 설교를 하러 갔는데, 설교를 마친 후 그 교회 당회원들이 식사를 대접하겠다고 하더란다. 손님을 대접하는 것이야 아름다운 일. 도를 넘지 않는 이상 거절할 이유가 없었다. 목사님이 그들을 따라가 도착한 곳은 영양탕집이었는데, 문제는 그분이 애견가라는 것이었다. 목사님은 고기를 입에 대지 못했을 뿐 아니라 역한 느낌을 참느라 꽤 고생을 했다. 그리고 자신을 대접하겠다고 나선 사람들이 강사 접대를 빙자하여 평소에 좋아하던 영양탕을 먹을 기회를 만든 것 같아 오히려 불쾌했다고 한다.

물론 그들이 강사의 사정을 미리 알고 일부러 영양탕집으로 데려가 골탕을 먹일 의도는 아니었을 터, 자신들이 너무나 좋아하는 '영양탕'으로 강사를 극진히 대접하겠다는 그 충심을 의심할 필요는 없을 것이다. 하지만 그들은 영양탕이 자신들에게 매우 맛있기 때문에 '강사가 과연 영양탕을 좋아할까?'라는 가장 기본적 질문을 던지지 않았고, 그 때문에 그들의 접대는 오히려 '적대' 행위가 되고 말았다.

흔히 진심은 통하기 마련이라고 한다. 사랑은 길을 찾기 마련이라고도 한다. 하지만 그것은 진정한 사랑이 제대로 전해질 방법까지도 고민하는 법이기에 타당한 말이다. 진심이란 상대를 배려하는 마음과 별개일 수가 없기 때문이다. 그러므로 상대에게 전해지건 말건 개의치 않는 진심은 싸구려 진심 혹은 진심을 가장한 폭력일 수 있다. 아이가 싫어하는 음식을 사 들고 밤늦게 들어와서는 잠든 아이를 깨워 놓고 아이가 감사하며 먹기를 바라는 아버지, 아이의 반응이 자신의 기대에 미치지 못하면 폭언과 폭력을 일삼는 불량 아버지의 모습을 생각해 보면 된다.

사랑하고 사랑받는 것은 가장 귀한 일이지만 또한 어려운 일이기도 하다. 우리에게 큰 기쁨과 활력을 주지만 아픔을 주고 골치를 썩이게 하기도 한다. 왜 그럴까? 저자의 답변은 간단하다. 사람마다 사랑을 표현하는 언어가 다르고, 사랑을 받는다고 느끼는 언어가 다르기 때문이다. 저자는 그것을 '사랑의 언어'라고 부르고 인정하는 말, 선물, 봉사, 함께하는 시간, 스킨십, 이렇게 크게 5가지로 나눈다.

이 책은 부부를 대상으로 한 저자의 베스트셀러『5가지 사랑의 언어』에 담긴 통찰을 싱글에게 적용한 책이다. 기본적 통찰은 동일하지만 싱글은 이 책을 통해 자신이 처한 상황과 인간관계에 맞는 적절한 도움을 받을 수 있을 것이다. 풍부하고 적절한 사례들과 적용 가능한 구체적 지침은 이 책의 미덕이다. 이 책을 꼭 읽어 보길 권한다.

_홍종락

서문

1992년에 나는 『5가지 사랑의 언어』를 썼다. 그 책에 대한 반응은 예상을 초월하여 지금까지 수백만 부가 넘게 팔렸고, 해가 갈수록 더 많이 팔리고 있다. 또한, 세계 40여 개 언어로 번역되었다.

사람들은 내게 그 책이 왜 그렇게 놀라운 성공을 거두었는지 이유를 묻는다. 내가 할 수 있는 대답은 하나뿐이다. 그 책의 메시지가 인간의 가장 깊은 정서적 욕구라 할 수 있는 사랑받고 싶은 욕구에 초점을 맞추고 있기 때문이라는 것이다. 그 책에는 부부가 사랑의 감정을 유지할 수 있는 통찰과 실제적 방법들이 담겨 있다. 수많은 부부가 『5가지 사랑의 언어』가 그들의 결혼 생활에 "새 생명"을 불어넣어 주었다고 말했다.

나는 부부들을 대상으로 책을 썼기 때문에 많은 싱글이 그 책을 읽게 될 줄은 예상하지 못했다. 나는 다음과 같이 말하는 싱글을 자주 만난다. "박사님이 결혼한 사람들을 위해 『5가지 사랑의 언어』를 쓰셨다는 걸 알아요. 하지만 그 책이 제 모든 인간관계에도 큰 도움이 되었다는 걸 알려 드리고 싶어요." 대학교 4학년인 로버트와 비슷한 처지의 싱글은 이런 말을 했다. "박사님 책을 읽고서 비로소 제 룸메이트를 이해할 수 있었습니다. 싱글을 위한 『5가지 사랑의 언어』도 써 주십시오."

이와 비슷한 심정을 토로하는 수십 명의 싱글을 만나고 나서 나는 이 책을 써야겠다고 결심하게 되었다.

나는 주로 결혼과 가정에 대해 글을 쓰고 상담해 왔지만, 싱글의 문화를 모르는 바는 아니다. 나는 30년 이상 싱글을 위한 카운슬러로 봉사했고 몇 년 전에는 다니는 교회에서 싱글을 대상으로 한 사역을 시작했다. 그리고 9년 동안 그들의 기쁨과 갈등을 함께 나누었다. 우리는 활발한 교제 프로그램을 마련했는데, 건실한 싱글에게는 "성장 모임"을, 어려움을 겪는 싱글에게는 "지원 모임"을 제공했다. 나는 많은 시간을 들여 정서적 문제와 인간관계에서 다양한 문제들을 호소하는 싱글들과 개별적으로 만나 상담을 했다. 이 사역은 지금도 우리 교회에서 활발하게 진행되고 있다.

결혼을 했건 안 했건, 나이가 많건 적건 모든 사람에게는 사랑받고자 하는 욕구가 있다. 이 욕구가 채워지면 우리는 하나님을 섬기고 세상에 유익을 끼치는 잠재력을 발휘할 수 있다. 그러나 사랑받지 못한다고 느끼면 그저 살아남는 것도 버거운 상태가 된다. 싱글들은 이 책에 담긴 진리들을 통해 사랑하고 사랑받는 방법을 배우게 될 것이다.

이 책은 『5가지 사랑의 언어』의 재탕이 아니다. 물론 5가지 사랑의 언어는 변함이 없다. 그러나 이 책에서 우리는 싱글에게 집중해 그 내용을 적용할 것이다. 나는 5가지 사랑의 언어로 인해 인간관계가 어떻게 변했는지를 이야기해 준 싱글들 수백 명에게 빚을 졌다.

제대로 사랑하고 사랑받는 것보다 우리를 더 행복하게 하는 일은 없다. 당신이 이혼했건, 사별했건, 혹은 아직 결혼하지 않았건 당신의 가장 깊은 정서적 욕구는 사랑받는 것이고, 다른 사람을 사랑함으로써 가장 큰 성공을 이루게 될 것이다. 이 책은 제대로 사랑하고 사랑받도록 돕기 위해 만들어졌다.

처음 두 장에서는 싱글이 어떤 사람인지, 사랑이 왜 인간관계의 열쇠인지 살펴보겠다. 3-7장에서는 장마다 하나씩 5가지 사랑의 언어를 배울 것이다. 8장에 이르면 제1의 사랑의 언어를 깨닫고 다른 사람들의 사랑의 언어를 발견하는 법을 알게 될 것이다.

나머지 장에서는 사랑의 언어를 구사함으로써 사랑하고 사랑받는 법을 배우게 될 것이다. 9-10장에서는 5가지 사랑의 언어를 부모, 형제, 연인과의 관계에 적용해 각각의 관계를 이해하는 법을 배우고, 11장에서는 결혼의 가능성 및 행복한 부부 관계를 만드는 데 사랑의 언어가 얼마나 중요한지 살펴볼 것이다. 12장에서는 룸메이트, 친구, 직장 동료들에게 사랑을 전하는 법에 초점을 맞출 것이고, 13장에서는 자녀들에게 사랑을 전하고자 하는 싱글 부모를 위해 지침을 제시할 것이다. 끝으로 14장에서는 사랑을 통해 성공에 이르는 일에 초점을 맞출 것이다.

많은 싱글이 사랑을 주고받는 법을 배우며 그것이 인생의 가장 위대한 발견임을 깨달았다. 이제 나와 함께 그들의 삶에 들어가 보자.

CONTENTS

**THE FIVE LOVE
LANGUAGES
FOR SINGLES**

역자 서문 • 5
서문 • 7

01 점점 더 늘어 가는 싱글 • 13

02 인간관계의 열쇠 • 21

03 사랑의 언어 #1 인정하는 말 • 34

04 사랑의 언어 #2 선물 • 61

05 사랑의 언어 #3 봉사 • 81

06 사랑의 언어 #4 함께하는 시간 • 98

07 사랑의 언어 #5 스킨십 • 113

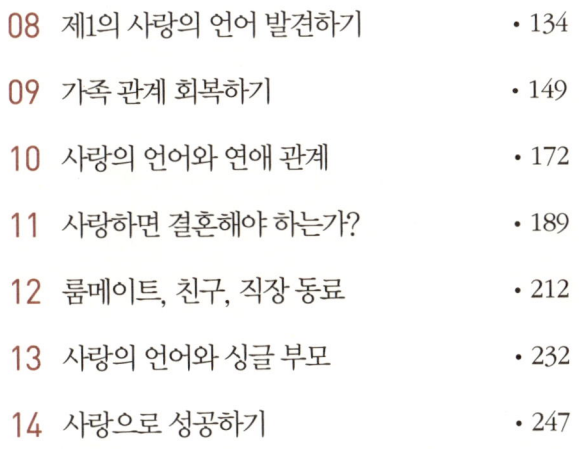

08	제1의 사랑의 언어 발견하기	• 134
09	가족 관계 회복하기	• 149
10	사랑의 언어와 연애 관계	• 172
11	사랑하면 결혼해야 하는가?	• 189
12	룸메이트, 친구, 직장 동료	• 212
13	사랑의 언어와 싱글 부모	• 232
14	사랑으로 성공하기	• 247

5가지 사랑의 언어 검사표 • 260
검사 결과 해석 및 사용 • 264

주 • 267

THE FIVE LOVE LANGUAGES FOR SINGLES

01
점점 더 늘어 가는 싱글

THE FIVE LOVE
LANGUAGES
FOR SINGLES

이 책을 읽는 독자라면 본인이 싱글이거나 주위의 아는 사람 중에 싱글이 한두 명쯤은 있을 것이다. 미국의 성인 10명 중 4명에 해당하는 8천8백50만 명이 싱글이다.¹ 중국과 인도를 제외하면 미국은 전 세계에서 싱글 인구가 가장 많은 나라다.²

물론 싱글이라고 해서 다 같은 부류는 아니다. 싱글에는 최소한 다섯 부류가 있고 각각은 서로 매우 다르다. 가장 숫자가 많은 싱글 층은 결혼하지 않은 부류지만 나머지 네 부류도 우리의 관심을 끈다. 여기 다섯 부류를 소개한다.

1. 미혼. 18세 이상의 미혼 남녀는 4천9백만 명이다. 초혼의 평균 연령은 여성의 경우 25세, 남성의 경우 27세로 올라갔다. 이것은 곧 18세부터 24세까지의 사람들 열 중 아홉(87%)은 미혼이라는 뜻이다.³

2. 이혼. 오늘날 이혼자는 성인의 10%에 해당한다.[4] 그러나 시간이 지나면서 훨씬 더 많은 기혼자가 이혼으로 고통을 겪는다. 결혼한 부부의 20%가 5년 이내에 이혼한다. 10년이 지나면 3분의 1에 해당하는 부부가 이혼하고, 15년이 지나면 이혼율은 43%에 이른다.[5]

3. 별거. 법적으로는 기혼자이지만 배우자와 더 이상 같이 살지 않는 사람들이다. 생활 양식 면에서는 기혼자보다 싱글에 가깝다. 그러나 별거는 잠정적 상태일 수밖에 없다. 이 사람들은 배우자와 화해하거나 정식으로 이혼하게 된다. 연구 결과에 따르면 남편과 별거한 백인 여성의 97%(백인이 아닌 여성의 경우 75%)가 별거 5년 이내에 결국 이혼한다고 한다.[6]

4. 사별. 사별로 인한 싱글의 비율은 성별에 따라 차이가 크게 난다. 배우자와 사별한 후 싱글로 사는 성인의 다섯 중 넷은 여성이다. 65세가 넘은 여성의 절반 정도는 과부인 반면 남성이 홀아비로 남아 있는 경우는 14%에 불과하다.[7]

5. 싱글 부모. 100년 전, 18세 이하의 아이를 둔 싱글 부모의 숫자는 1%도 되지 않았다. 그러나 오늘날에는 그 수가 1천2백만 명에 달한다. 세 가정 중 한 가정이 싱글 부모 가정이라는 얘기다.[8] 물론 이혼으로 많은 싱글 부모들이 생겨나지만, 점점 늘어나는 미혼모의 숫자도 무시할 수 없다. 40%의 싱글 맘(미혼모이거나 남편과의

사별, 이혼 등으로 홀로 아이를 키우는 여성을 통칭해 가리킨다-편집자 주)이 아이의 아버지와 결혼하지 않는다.[9] 따라서 싱글 부모 중 미혼 싱글의 비율이 점점 높아지고 있다.

다양하지만 공통점이 있는

이상을 통해 싱글에도 여러 종류가 있다는 것이 분명해졌다. 그러나 그들에게도 모든 인간이 공통으로 가지는 특성들이 있다. 싱글은 자기 자신, 그리고 세상에서의 자신의 위치를 파악하려 애쓰고, 가치관, 도덕, 인간관계, 의미를 놓고 씨름한다. 이러한 추구의 핵심에는 그들 자신에게 걸맞은 사랑을 주고받고 싶은 욕구가 놓여 있다.

어떤 부류의 싱글이건 인간인 그들은 자기 삶에서 중요한 사람들에게 사랑받고 싶어한다. 그리고 자신의 사랑을 필요로 하는 사람이 있다고 믿고 싶어한다. 싱글도 사랑을 주고받아야 행복할 수 있다. 사랑을 받고 내 사랑이 필요한 사람이 있다고 느낄 때, 우리는 인생의 압박을 이겨 낼 수 있다. 사랑 없는 인생은 참으로 암울하다.

금속 후광에 둘러싸인 남자

로브의 사연은 감당하기 어려운 문제들에 부딪혔을 때 사랑이 얼마나 큰 힘을 발휘하는지 잘 보여 준다. 내가 로브를 처음 만난 건 그랜드 캐니언(나는 자연 경관이 단연코 가장 아름다운 곳 중 하나라고 생각했다)에 갔을 때였다. 협곡의 남쪽 가장자리, 협곡 경사면에 지그재그로 나 있는 길인 '브라이트 앤젤 트레일' 근처에서 나는 로브와 중년 남녀를 보았다. 로브는 금속 후광이 달린 척추 보호대를 착용하고 있었기 때문에 쉽사리 눈에 띄었다. 나는 친근한 미소를 지으며 그에게 눈인사를 했다.

로브는 "안녕하세요. 좋은 아침이죠?" 하며 인사를 받았다. 그의 기분 좋은 미소에 이끌려 대화를 나누게 되었다. 그는 하이킹 도중 사고를 당해 척추를 다쳤다고 했다. 중년 남녀는 로브의 부모였다.

세 사람은 2년 전 그랜드 캐니언으로 가족 여행을 계획했었다. 첫해는 돈이 부족해 꿈을 1년 후로 연기했다. 그다음에는 로브가 사고를 당해 가족들이 집을 떠날 수 없었다. 그런데 이제 로브의 몸이 다소 나아졌기 때문에 온 가족이 그랜드 캐니언을 보러 온 것이었다. 처음 여행을 계획할 때는 가족이 협곡 아래를 도보로 다닐 생각이었다. 그들의 꿈은 변경되었지만 깨어지지는 않았다. 그들은 그곳에서 한 주를 보내며 협곡의 경치를 감상하기로 했다.

로브는 휠체어를 움직여 오솔길과 협곡이 잘 보이는 곳에 자리를 잡았고 부모님과 함께 굉장한 경치에 흠뻑 빠졌다. 나는 그들에게 꿈을 포기하지 말라고 하며 행운을 빌어 주었다.

아들과 나는 함께 한 주 동안 협곡을 탐험했다. 그 주가 끝나 갈 무렵 나는 숙소인 브라이트 앤젤 로지의 로비에서 로브와 마주쳤다. 이전에 만났던 적이 있어서 그런지 마치 오랜 친구와 마주친 기분이었다. 우리는 그곳에서 2시간 동안 대화를 나누었다. 로브는 하이킹 도중 떨어져 다치게 된 이야기와 그를 헬리콥터로 구해 준 구조 대원들의 끈질긴 노력에 대해 들려주었다.

또한, 사고 후 다시 걸을 수 있을지 알 수 없었던 시절의 고통과 갈등에 대해서도 말했다. 그는 몇 번이나 우울증에 빠졌고, 사고 당시까지 그토록 바라던 일자리를 얻을 기회도 잃었으며, 오랫동안 물리 치료를 받아야만 했다.

나는 무엇이 그 일들을 이겨 내게 하고 지금 이렇게 활기차게 살 수 있게 했는지 물었다. 그의 대답은 이러했다.

"사랑입니다. 순전히 사랑 덕분에 이겨 낼 수 있었습니다. 부모님은 그 모든 일을 겪는 동안 함께하셨고 여자 친구가 한 명 있었습니다. ……연인 사이는 아니었지만 처음 몇 주 동안 매일 병문안을 와준 좋은 친구입니다. 그 친구가 없었다면 저는 이겨 낼 수 없었을 겁니다. 그 친구가 희망을 주었거든요. 치료 과정에서 격려해 주었고 함께 기도해 주었습니다. 이전에는 이성의 기도를 받아 본 적이 없었습니다. 그 친구가 하나님께 기도하는 모습은 제게 희망을 주었습니다. 그녀의 말은 제 메마른 마음을 적시는 단비 같았습니다. 우리는 지금도 좋은 친구입니다. 그 친구와 가족들의 사랑 덕분에 저는 어려운 시기를 이겨 낼 수 있었습니다."

그리고 로브는 이렇게 덧붙였다. "제가 도움을 받은 것처럼 언젠가 저도 다른 사람을 도울 수 있었으면 좋겠습니다."

사랑의 힘

로브는 사랑하고 사랑받고 싶은 싱글의 깊은 욕구와 사랑의 힘을 생생하게 보여 주는 표본이다. 사랑은 모든 인간관계를 구성하는 기본 요소다. 사랑은 우리의 가치관과 도덕관에 큰 영향을 끼치기 때문이다. 나는 의미를 추구하는 싱글의 삶에서 사랑이 가장 중요한 요소라고 확신한다.

그래서 나는 5가지 사랑의 언어에 대한 이 책을 써야 한다는 부담을 느끼게 되었다. 이 책에 실린 내용은 당신의 삶의 모든 부분을 변화시킬 잠재력이 있다. 이 책을 읽는 데는 시간이 들겠지만, 그것은 분명 값진 투자가 될 것이다. 당신은 컴퓨터 언어를 배우는 데 시간을 투자한 적이 있을 것이고 그로 인해 모종의 유익을 얻었을 것이다.

불행히도 대부분의 싱글들이 사랑보다 컴퓨터를 더 잘 안다. 그 이유는 간단하다. 사랑보다 컴퓨터를 공부하는 데 더 많은 시간을 보냈기 때문이다.

사라진 요소

나는 레오 버스카글리아 교수의 다음 말에 동의한다.

심리학자, 정신과 의사, 사회학자, 인류학자, 교육자들은 셀 수 없이 많은 연구와 연구 보고서들을 통해 사랑은 "학습된 반응, 학습된 감정"이라고 밝혔다. ……우리 대부분은 사랑이 배워야 할 무엇이 아니라 모든 사람 안에 잠재되어 있다가 어떤 신비한 깨달음의 나이가 되면 저절로 활짝 피어나는 감정인 듯 행동한다. 그때를 기다리며 세월을 허비하는 사람도 많다. 우리는 대부분의 사람들이 평생 사랑을 찾으려 애쓰고 사랑 안에서 살려 애쓰다가 참된 사랑을 발견하지 못한 채 죽는다는 명백한 사실을 직시하길 거부하는 듯하다.[10]

지난 30년 동안 나는 사람들이 다른 사람과 마음을 잇는 법, 즉 사랑하고 사랑받는 법을 발견하도록 도왔다. 나는 미혼이건 몇 번씩 결혼을 했건, 이 책에 담긴 정보를 읽고 적용한다면 제대로 사랑하고 사랑받는 법을 배우게 될 거라고 자신 있게 말할 수 있다. 과거의 인간관계에서 무엇이 부족했는지 알고 사람들의 주된 사랑의 언어를 배움으로써 서로에게 힘이 되는 온전한 관계를 만들 수 있게 된다.

현대 사회에서는 많은 관계가 깨어져 사람들이 고통당하고 있다. 그 상당 부분은 서구 문화가 사랑을 진지하게 배우지 않은 결과다. 독자는 이 책을 통해 사랑 안에 세상을 변화시킬 진정한 잠재력이 있음을 발견한 여러 부류와 다양한 연령대의 싱글을 만나게 될 것이다.

생각할 질문   QUESTIONS TO PONDER

1. 당신은 삶에서 중요한 사람들에게 어느 정도 사랑받는다고 느끼는가?

2. 로브는 어려움을 겪고 난 후 "그 친구가 없었다면 저는 이겨 낼 수 없었을 겁니다."라고 말했다. 당신은 어려울 때 친구의 사랑을 경험한 적이 있는가? 그렇다면 그 친구는 자신의 사랑을 어떻게 표현했는가?

3. 어려움에 빠진 사람의 친구가 되어 준 적이 있는가? 당신은 사랑을 어떻게 표현했는가?

4. 당신은 얼마나 잘 사랑하고 사랑받았는가?

5. 당신은 사랑의 본질에 대해 공부하고 사랑을 표현하는 새로운 방법을 배우는 데 어느 정도나 관심이 있는가?

02
인간관계의 열쇠

THE FIVE LOVE
LANGUAGES
FOR SINGLES

우리는 관계를 맺으며 살아가는 존재다. 모든 인간은 서로 어울려 살아가며 대부분은 다른 사람들과 관계를 유지하려 한다. 격리는 서구 문화에서 가장 혹독한 형벌 중 하나로 여겨진다. 범죄자들도 독방 감금은 원하지 않는다.

이 책을 읽는 모든 사람이 인간관계를 맺고 있다고 말해도 무방하다. 그 관계들이 얼마나 깊이 있는가, 이것이 문제다.

적극적이고 긍정적인 관계는 커다란 기쁨을 주지만, 메마른 관계는 깊은 고통을 안겨 준다. 인생 최대의 행복은 좋은 관계에서, 가장 큰 고통은 나쁜 관계에서 얻게 된다고까지 말할 수 있을 듯하다. 어머니의 사랑을 느낀다면 어머니와의 관계에서 위로와 격려를 얻을 것이다. 그러나 어머니와의 관계에 금이 갔다면 버림받은 느낌을 받게 될 것이다. 어머니에게 학대받았다면 상처와 분노, 어쩌면 증오까지 느낄 가능성이 높다.

부모의 역할

부모의 사랑을 받지 못한 자녀들은 다른 관계에서 사랑을 찾으려 하게 된다. 그러나 이러한 추구는 방향을 잘못 잡아 더 큰 실망으로 이어지는 경우가 많다. 내 아들 데릭은 오랫동안 노숙자들을 위해 일했다. 몇 년 전 데릭이 이렇게 말했다. "노숙자 중에 아버지와 관계가 좋았던 사람을 만나 보지 못했어요."

모든 관계의 근원은 부모와의 관계다. 부모와의 관계는 다른 모든 관계에 긍정적이거나 부정적인 영향을 준다.

어머니나 아버지 혹은 부모 모두가 자신을 사랑하지 않는다고 느끼는 싱글이 많다. 그들은 그로 인한 공허감을 채우기 위해 긍정적 활동에 몰두했고 많은 영역에서 훌륭하게 목표를 달성했지만, 다른 성인들과의 긍정적 관계를 맺는 데는 실패를 거듭했다. 그들 대부분은 끊임없이 이렇게 묻는다. "성공적이고 긍정적인 관계를 만들려면 사랑에 대해 무엇을 배워야 합니까?" 5가지 사랑의 언어를 터득하는 것이 그 질문에 대한 답이 될 것이다.

인간관계의 또 다른 현실은 고정되어 있지 않다는 것이다. 우리 모두 관계의 변화를 겪지만 어떤 관계가 좋아지거나 나빠지는 이유를 분석해 보는 사람은 거의 없다. 대부분의 이혼자들은 이혼을 목표로 결혼한 게 아니다. 그들 대부분은 결혼할 때 대단히 행복했다. 자신들의 부부 관계가 긍정적이고 사랑이 넘쳐 서로에게 힘이 된다고 말했을 것이다. 그런데 그 관계에 무슨 일인가가 벌어졌음이 분명하다. 그래서 이혼할 무렵 그들은 이렇게 말한다. "아내(남편)는 무정하고 무심하고 자기밖에 몰라요. 때로는 아주 비열하죠." 얄궂게도 상대편 배우자에게서도 비슷한 말을 들을 수 있다. 결혼에 문제가 생긴 것은 분명해 보인다. 그럼 그 이유는 무엇일까?

낭만적 사랑의 단계들

매년 수많은 부부가 이혼으로 헤어지고 있다. 이제 그 이유를 물어야 할 때가 아닐까? 왜 좋게 시작한 결혼이 좋지 않게 끝나는 걸까? 왜 사람들은 다시 싱글이 되는 걸까? 결혼 상담자로 30년을 일한 나는 대부분의 사람들이 사랑의 본질을 오해하는 것이 그 이유라고 확신한다.

서구 사회는 대체로 낭만적 사랑에 중독되어 있다. 이 말이 믿기지 않는다면 노래를 듣거나, 영화를 보거나, 로맨스 소설의 판매 통계를 확인해 보라. 그러나 그러면서도 우리는 사랑에 대해 아주 무지하다. 우리는 사랑이 그냥 찾아온다고 믿고 있다. '사랑은 마법 같고 머리에서 도통 떠날 줄 모르며 더없이 즐거운 것이다. 사랑은 제멋대로 찾아왔다 떠나간다. 사랑에 대해 우리가 할 수 있는 건 없다.' 사랑에 대한 이러한 설명은 상당히 정확하지만, 이것은 낭만적 사랑의 첫 번째 단계만 설명하고 있다. 남녀 관계의 두 단계를 살펴보자.

사랑에 "빠지는" 단계

대부분의 사람들은 "빠져드는" 사랑의 도취 단계에 대한 연구 내용을 알지 못한다. 이 분야에서 가장 폭넓은 연구를 수행한 사람은 코네티컷 주 브리지포트대학의 도로시 테노브 교수였다. 테노브는 이제 고전이 된 자신의 책 『참사랑과 생리적 사랑』에서 이 단계의 사랑의 평균 수명은 2년이라고 결론 내렸다.[1] 이 도취적 사랑의 단계 동안에는 사랑에 빠진 상대가 완벽하다고, ······최소한 나에게는 완벽하다는 환상을 갖게 된다. 친구들에게 보이는 그 사람의 결점이 나에게는 보이지 않는다.

어머니가 "애야, 그 사람이 5년 동안 안정된 일자리를 갖지 못했다는 건 생각해 봤니?"라고 물으면 당신은 이렇게 말할 것이다. "엄마, 그이에게 시간을 좀 주세요. 적당한 기회를 기다리고 있잖아요." 친구가 "그녀가 지금까지 다섯 번이나 이혼했다는 걸 생각해 봤나?"라고 물으면 당신은 이렇게 대답할 것이다. "제대로 된 짝을 만나지 못했던 거야. 그녀는 행복할 자격이 있어. 내가 그녀를 행복하게 해줄 거야."

이러한 사랑의 초기 단계에 우리는 '그 사람과 함께하지 못한다면 나는 결코 행복해질 수 없을 거야.', '인생의 다른 건 전혀 중요하지 않아.' 등의 불합리한 생각들도 하게 된다. 그런 생각 때문에 대학생이 학업을 중단하고 연인과 결혼하거나, 결혼하지 않은 채 동거부터 시작하게 된다. 사랑의 이 단계에서 두 사람은 서로의 차이점을 가볍게 여기거나 부인하며 이렇게 말한다. "우리는 행복할 따름이에요. 지금처럼 행복했던 적이 없어요. 우리는 평생 이렇게 살 거예요." 사랑의 이 단계에서는 별다른 노력이 필요하지 않다.

어느 오후 나는 필라델피아 국제공항에 볼일이 있어 나갔는데, 한 젊은 아가씨(수지라고 하겠다)가 내게 다가와 자기소개를 했다. 그녀는 우리가 2년 전 어느 콘퍼런스에서 만났다고 말했다. 대화 도중에 나는 그녀가 6주 후에 결혼한다는 사실을 알게 되었다. 그날 그녀는 시카고 부근의 해군 기지에서 복무하고 있는 약혼자를 만나러 가는 길이었다. 내가 결혼 세미나를 열 것이라고 말하자 그녀가 물었다. "세미나에서 무엇을 가르치시나요?"

"부부들이 결혼 생활을 위해 노력하도록 돕습니다."

수지가 대답했다. "이해가 안 되는데요. 결혼 생활을 위해 무슨 노력이 필요한가요? 결혼 생활을 위해 애써야 하는 사람들이라면 애초에 결혼하지 말았어야 하지 않나요?"

그녀는 사랑에 대해 널리 퍼진 신화를 얘기하고 있었다. 그 신화에는 어느 정도 진실이 담겨 있지만 반쪽짜리 진실일 따름이다. 사랑의 초기 단계에서는 별다른 노력이 들지 않는 것이 사실이다. 사랑에 빠지기 위해 노력하는 사람은 없다. 그냥 벌어지는 일이기 때문이다.

그것은 소위 "설렘"으로 시작된다. 상대방의 눈빛, 말하는 모습, 큰 소리치는 모습, 자세나 행동거지에 마음을 설레게 하는 그 무엇이 있다. 바로 그 설렘 때문에 우리는 누군가에게 함께 햄버거를 먹자고 청한다. 첫 번째 데이트에서 설렘이 사라질 때도 있다. 그 사람의 불쾌한 언행 때문일 수도 있고, 도무지 용납할 수 없는 상대의 어떤 습관 때문일 수도 있다. 그럴 경우 다음번에 그 사람이 햄버거 얘기를 꺼내도 배가 고파지지 않는다. 그 사람을 다시 보지 못해도 별 상관이 없다. 설렘은 어느새 사라지고 없다.

그러나 다른 상황도 있다. 그 사람과 같이 햄버거를 먹으러 갈 때마다 벌써 다음번에 만날 일이 기다려진다. 설렘은 점점 더 커지고 애틋한 마음이 자리 잡기 시작한다. 아침에 일어나자마자 그 사람이 생각나고 잠들기 직전까지 머릿속에 떠오르는 건 오로지 그 사람이다. 그 사람이 무엇을 하고 있을까 온종일 궁금하다. 한시바삐 다시 만나고 싶고, 다시 만날 때마다 더없이 좋다.

결국, 둘 중 한 사람이 상대에게 이런 말을 한다. "당신을 사랑할 수 있을 것 같아요." 상대도 같은 감정을 가졌는지 떠보는 것이다. 그리고 상대가 "나쁠 건 없을 것 같은데요."와 같은 긍정적 반응을 보이면 함께 근사한 저녁 시간을 보내게 된다. 그러다 달빛이 적당한 저녁 우리는 "사랑합니다."라고 말한다. 그리고 상대가 "저도요."라고 대답할 때까지 기다린다. 그 순간부터 연정은 더욱 깊어져 마침내 우리는 상대와 평생을 함께 보내고 싶다고 생각하기에 이른다.

대부분의 사람들은 사랑에 빠지는 이 단계에서 결혼하거나 동거를 시작한다. 그때까지는 관계 전체가 손쉽다. 우리는 "사랑에 빠진" 고양된 감정에 휩쓸려 온 것이다. 공항에서 만난 여성이 결혼 생활을 위해 노력한다는 말을 이해하지 못한 것은 바로 이 때문이다. 그녀는 자신의 결혼 생활이 부부가 서로에게 무엇도 아까워하지 않고 배우자를 우주에서 가장 중요한 사람으로 여기는 황홀한 상태로 언제까지 계속될 거라고 생각했다.

2단계의 사랑으로 넘어가기

수지는 사랑의 1단계는 알았지만 2단계는 전혀 알지 못했다. 2단계가 있는 줄도 몰랐다. 사랑에 대한 그녀의 생각은 서구 문화권의 싱글과 기혼자 모두가 가진 전형적인 생각이다.

배우자와 장기적 관계를 누리려면 5가지 사랑의 언어를 이해해야 한다. 5가지 사랑의 언어는 사랑에 빠진 단계의 황홀경에서 벗어난 이후에도 사랑의 감정을 유지하는 법을 알려 준다.

이것을 알지 못한다면 이혼하는 사람들 다섯 중 넷은 다른 배우자와 재혼해 같은 일을 되풀이하게 될 것이다. 그리고 재혼하는 사람의 60%는 다시 이혼하고 싱글이 될 것이다. 그러나 그들이 사랑의 본질을 배워 1단계에서 2단계로 성공적으로 옮겨 간다면 상황은 달라질 것이다.

언약 단계

나는 2단계의 사랑을 "언약의 사랑"이라 부른다. 이것은 "열정적 사랑"이라 할 수 있는 1단계와 많이 다르다. 언약의 사랑 속에는 열정이 없다는 말이 아니라, 이 단계에서 열정을 계속 공급하고 사그라지지 않도록 보살펴야 한다는 뜻이다. 부부 관계를 유지하고 있다는 것만으로 열정이 계속 흘러 나지는 않기 때문이다. 2단계는 1단계와 정말 다르다.

서로에 대한 도취 상태가 사그라지면서 인생에는 서로를 좇는 것 외에도 중요한 일들이 많다는 것을 깨닫게 된다. 상대에 대한 환상은 사라지고 "그 사람은 5년 동안 안정된 일자리가 없었다"고 하던 어머니의 말씀이나 "그녀가 지금까지 다섯 번이나 이혼했다"고 하던 친구의 말이 떠오른다. 그리고 마음속으로 어머니(또는 친구)의 말에 동의하기 시작한다. 그리고 어쩌면 그렇게 뻔한 걸 보지 못했는지 의아해진다.

이전에는 보이지 않던 성격, 관심사, 생활 양식의 차이점들이 극명하게 드러난다. 두 사람을 엮어 주었고 상대의 행복에만 초점을 맞추게 했던 황홀감은 이제 사라졌고, 자신을 돌아본 당신은 상대가 더 이상 당신의 필요를 채워 주지 않고 있음을 깨닫는다. 그래서 당신은 배우자에게 뭔가를 요청하거나 요구하기 시작하고 상대가 그것을 거부하면 움츠러들거나 홧김에 소리를 지른다. 당신이 화를 내거나 움츠러들면 배우자는 더욱 멀어지고 당신에게 사랑을 표현하기도 더 어려워진다.

그렇게 흐려진 관계가 다시 맑아질 수 있을까? 물론이다. 그러나 단서가 있다. 부부가 사랑의 본질을 이해하고 상대가 이해할 수 있는 언어로 사랑을 표현하는 법을 배워야 한다.

도취의 단계는 끝났다. 데이트 중이건 결혼을 했건, 두 사람은 다음 단계로 넘어가야 한다. 그렇지 않으면 관계는 거기서 끝날 것이다.

언약의 사랑은 의식적인 사랑이다. 의도적인 사랑이다. 무슨 일이 있어도 상대를 사랑하겠다는 헌신이다. 뜨거운 감정이 생겨날 때까지 마냥 기다리는 대신 배우자의 유익을 구하는 쪽을 선택한다. 상대를 행복하게 하는 일에 헌신했기 때문이다.

우리의 행동은 다른 사람의 감정에 영향을 준다. 우리가 상대방이 이해하는 사랑의 언어로 사랑을 표현하면 상대는 사랑을 느낄 것이다. 또한, 그 사람이 우리가 이해하는 사랑의 언어로 사랑을 표현하면 사랑받고자 하는 우리의 필요가 채워질 것이다. 그리고 우리는 열정적 사랑의 도취감에서 언약의 사랑, 깊이 자리 잡은 확신으로 옮겨 갈 것이다. 서로 사랑하고 사랑을 효과적으로 표현하는 법을 배워 사랑을 북돋기로 선택했으니 이제 우리의 사랑은 오래도록 지속할 것이다.

오랜 세월 동안 부부 관계를 유지하게 하고 오십의 남편이 아내에게 "결혼하던 날보다 지금 당신을 더욱 사랑하오."라고 말하게 하는 것이 바로 이 언약의 사랑이다.

언약의 사랑에는 사랑의 본질에 대한 지식과 사랑하려는 의지, 이 두 가지 요소가 필요하다. 5가지 사랑의 언어를 이해하면 오랫동안 언약의 사랑을 이어 가는 데 필요한 지식을 얻게 될 것이다. 언약의 사랑이 주는 유익을 통해 사랑하려는 의지도 함께 찾게 되길 바란다.

30년 상담 경력에 근거한 이 책의 주제는 이것이다. 나는 근본적으로 5가지 사랑의 언어, 즉 사랑을 표현하는 5가지 방법이 있다고 믿는다. 다음 장부터는 5가지 언어를 하나씩 살펴볼 것이다. 5가지 사랑의 언어 중에는 각 사람의 주된 사랑의 언어가 있다. 5가지 언어 중 한 가지가 나머지 넷보다 우리 마음속을 더 깊이 파고든다.

물론 우리는 5가지 언어 모두를 통해 사랑을 받을 수 있지만 주된 사랑의 언어를 받지 못하면 상대가 나머지 네 언어로 사랑을 말한다고 해도 사랑받지 못한다고 느낄 것이다. 반대로 상대가 나의 주된 사랑의 언어로 충분하게 사랑을 표현한다면 나머지 네 언어는 그야말로 금상첨화가 될 것이다.

올바른 언어로 사랑을 표현하기

우리는 본성적으로 자신의 사랑의 언어로 말한다. 바로 이것이 문제다. 즉, 우리는 자신에게 사랑을 느끼게 해주는 언어로 다른 사람에게 사랑을 표현한다. 그러나 그것이 상대의 주된 사랑의 언어가 아니라면 그들이 느끼는 바는 우리의 의도와 다를 것이다.

수많은 커플이 좌절감을 느끼는 이유가 여기에 있다. 이혼남 샘은 현재 사귀고 있는 여성에 대해 이렇게 말한다. "그녀를 이해할 수 없습니다. 그녀는 내가 자기를 사랑하지 않는 것 같다고 말합니다. 어떻게 그렇게 느낄 수가 있지요? 저는 매일 그녀에게 사랑한다고 말합니다. 매일 찬사도 보냅니다. 너무나 아름답다고 말합니다. 참으로 좋은 어머니라고 말합니다. 그런데 사랑받지 못한다고 느끼다니요?"

그러나 그녀의 사랑의 언어는 인정하는 말이 아니라 봉사였다. 그녀는 머릿속으로 이렇게 생각한다. '그가 날 사랑한다면 도와줄 거야. 그런데 그가 우리 집에 오면 내가 설거지를 하는 동안 텔레비전만 보지. 아무것도 도와주지 않아. 사랑한다는 말은 지긋지긋해. 말은 쉽지. 그가 정말 나를 사랑한다면 뭔가를 할 거라고. 나는 그를 위해 모든 걸 다하는데, 그는 날 위해 아무것도 하지 않아.'

이러한 장면은 수많은 관계에서 되풀이되고 있다. 각 사람은 자신의 언어로 사랑을 말하면서 상대가 사랑받지 못한다고 느끼는 이유를 이해하지 못한다. 상대에게 사랑을 느끼게 하고 싶다면 상대의 주된 사랑의 언어를 발견하고 그 언어로 말하는 법을 배워야 한다.

열정적 사랑이 넘치는 2년의 도취 시기를 넘어가면 많은 연인이 관계에 어려움을 겪는다. 커플들은 헤어지고 각자의 길을 가는 경우가 많다. 결혼해 잘 살지 못할 사람들이어서가 아니라 처음에 느꼈던 감정적 사랑을 잃었기 때문이다. 그러나 많은 경우 이것은 그들이 서로의 주된 사랑의 언어를 발견하고 그것으로 말하는 법을 배웠더라면 충분히 고칠 수 있는 상황이다.

모든 인간관계에 적용되는 5가지 언어

나는 이번 장에서 남녀 관계를 다루었고 그중에서도 연인 관계에 초점을 맞추었다. 그러나 5가지 사랑의 언어는 모든 인간관계에 적용된다. 부모의 사랑을 받지 못한다고 느끼는 싱글들이 있다. 그들의 부모가 그들을 사랑하지 않아서가 아니라 자녀의 주된 사랑의 언어로 말하는 법을 배우지 못했기 때문이다.

많은 싱글이 직장에서 세운 목표를 이루지 못한다. 일 처리 능력이 부족해서가 아니라 동료와 아랫사람에게 감사를 표현하는 법을 배우지 못했기 때문이었다. 그 결과 관계에 긴장이 생기고 생산성이 저하

되어 결국 다른 직장을 구하게 되거나 일터에서 나가 달라는 말을 듣게 된다. 오래 사귄 친구이지만 서로의 사랑과 감사하는 마음을 확인하지 못하고 서로를 더 잘 이해하려 애쓰기만 하는 사람들도 있다.

다른 사람이 받아들일 수 있는 언어로 사랑과 감사를 전하는 일은 모든 인간관계를 개선하는 열쇠다. 앞으로 나올 내용을 읽고 5가지 사랑의 언어에 담긴 원리들을 적용한다면 당신이 맺고 있는 모든 인간관계가 더 잘 풀릴 수 있을 것이다.

이 책의 나머지 부분에 담긴 원리들은 내가 상담실에서 수백 명의 사람에게 소개한 진실이다. 나는 그들에게 이 원리들이 효과가 있었던 것처럼 당신에게도 효과가 있을 거라고 믿는다.

그럼 제1의 사랑의 언어를 먼저 살펴보기로 하자.

생각할 질문　　　　　　　　　　　　　　　QUESTIONS TO PONDER

1. 당신은 누구와의 관계가 건강하다고 생각하는가?

2. 누구와의 관계가 회복되길 원하는가?

3. 어머니와의 관계를 묘사해 보라. 그리고 아버지와의 관계는 어떠한가?

4. 당신은 1단계의 열정적 사랑을 몇 번이나 경험했는가?

5. 당신은 2단계의 사랑인 언약의 사랑으로 옮겨 갈 수 있었는가? 그 비결은 무엇이었는가? 혹은 그럴 수 없었던 이유는 무엇인가?

6. 당신은 5가지 사랑의 언어로 말하는 법을 배우는 데 시간을 들일 의향이 있는가?

03
사랑의 언어 #1
인정하는 말

THE FIVE LOVE
LANGUAGES
FOR SINGLES

심리언어학: 언어가 성격에 미치는 영향에 대한 연구, 이렇게 말하면 아주 거창하게 들린다. 그러나 우리는 오랫동안 들어 온 말들에 많은 영향을 받는다. 어떤 싱글은 긍정적 언어 환경에서 자랐다. 그들은 즐겁고 기쁘고 멋진 삶의 측면을 강조하는 말들을 들었다. 그런가 하면 부정적 말을 들으며 자란 사람들도 있다. 전혀 다른 언어 환경에서 자라는 아이들은 전혀 다른 말들을 듣게 될 것이고, 결국 성격과 행동 유형도 전혀 달라질 것이다. 말의 영향력에 대한 고대 히브리 잠언은 과장이 아니었다. "죽고 사는 것이 혀의 힘에 달렸나니"(잠 18:21).

말에 그러한 영향력이 있다면 5가지 근본적인 사랑의 언어 중 하나가 인정하는 말인 것은 이해할 법하다. 부정적 언어 환경에서 자라난 싱글이 인정하는 말을 배우기란 분명 더 어려울 것이다. 입에 붙어 버린 부정적 말을 자제하면서 전혀 새로운 어휘를 배워야 하기 때문이다. 그와 더불어 다른 사람들의 인정하는 말을 진심으로 경청하는 법도 배워야 할 것이다.

처음부터 분명히 해두고 싶은 게 있다. 나는 이 책을 읽는 싱글이 5가지 사랑의 언어 모두로 사랑하고 사랑받는 법을 배우기 원한다. 일부러 시간을 내어 사랑에 대한 책을 읽는 사람이라면 더 나은 사람이 되고, 더 나은 관계를 누리고, 세상에 긍정적 영향을 끼치는 잠재력을 발휘하길 바라는 마음이 있을 것이다. 5가지 사랑의 언어를 제대로 이해하고 말하는 법을 배운다면 그 목표를 달성하는 데 분명 도움이 될 것이다.

다행히 이 모든 언어를 배우는 것은 가능하다. 이번 장에서는 인정하는 말을 배우는 데 초점을 맞추겠다. 인정하는 말이 주된 사랑의 언어인 사람들뿐 아니라 누구나 이 말을 할 수 있어야 한다. 인정하는 말은 누구나 좋아하기 때문이다. 어떻게 하면 이 언어를 가장 잘 개발할 수 있을까?

인정하는 말이 모국어인 싱글도 있다. 긍정적 언어 환경에서 어릴 때부터 인정하는 말들을 많이 듣고 자란 사람들이다. 그들은 여러 해 동안 이 언어를 연습한 터라 이 언어로 말하기가 쉽다. 주위 사람들에게 이들은 격려자로 통한다. 끊임없이 주위 사람들을 인정하고 격려하고 감사의 말을 전하기 때문이다.

그런가 하면 인정하는 말이 외국어인 싱글도 있다. 그들은 인정하는 말을 배우거나 전혀 듣지 못했다. 이번 장 전체를 통해 나는 이 언어를 배울 수 있는 실제적 방안을 제시할 것이다. 먼저 브라이언의 사연을 통해 인정하는 말의 본질 및 그것이 인간관계에 미칠 수 있는 영향력을 소개할까 한다.

나는 몇 년 전 한 싱글 콘퍼런스에서 브라이언을 만났다. 그는 키가 훤칠하고 잘생긴 젊은이였다. 소녀들이 좀처럼 눈을 떼지 못하고 밤에 자기들끼리 있을 때 대화의 주제로 삼을 법한 그런 청년이었다. 그러나 정작 브라이언은 이성과 잘 지내지 못했다. 사실 그것이 브라이언이 내게 상담을 요청한 이유였다.

풋볼 영웅이지만 연애는 낙제생인 브라이언

브라이언은 고등학교와 대학에서 풋볼을 했고 우수 선수상을 많이 받았다. 그러나 그는 그 모든 것을 대수롭지 않게 여기는 듯했다. "풋볼에 필요한 게 뭔지 아십니까?" 그는 이렇게 묻고는 답까지 말했다. "튼튼한 몸, 머리 그리고 많은 연습입니다. 하지만 제게 걸림돌이 되는 건 '인간관계'입니다. 인간관계는 풋볼보다 훨씬 더 어렵습니다."

그다음 다소 절망적인 표정으로 말했다. "저도 나이를 먹을 만큼 먹었습니다. 직장 생활은 잘하고 있지요. 하지만 저는 결혼하고 싶습니다. 가정을 꾸리고 싶습니다. 그런데 지금 당장은 애인은커녕 여자 친구도 없습니다. 저는 누구에게도 가까이 다가갈 수 없는 듯합니다. 데이트를 해봤지만 별다른 진전이 없습니다."

브라이언은 당혹스러워하며 상황을 심각하게 여기고 있었다. 먼저 나는 이렇게 물었다. "가장 오랫동안 연애한 기간이 얼마나 되나요?"

"넉 달 정도입니다. 석 달 정도 사귄 적이 한 번, 넉 달이 한 번 있었습니다. 나머지는 그보다 짧았습니다."

"보통 여자 쪽에서 관계를 끝내자고 합니까, 아니면 본인이 헤어지자고 합니까?"

"보통 여자 쪽입니다. 한 번인가 두 번은 솔직히 관심이 가지 않는 사람과도 데이트한 적이 있습니다. 그래서 다시 데이트를 신청하지 않았습니다."

"교제를 끝내고 싶은 이유를 말해 준 사람이 있었나요?"

"음, 석 달 사귀었던 여자 친구는 우리 사이에 공통점이 별로 없다고 했습니다. 또 다른 여자 친구는 우리가 어울리지 않는다고 했습니다만 그게 무슨 뜻인지는 모르겠습니다." 이어서 그는 이렇게 덧붙였다. "모르겠습니다. 제가 대화를 잘 이어 가지 못하는 게 문제인 것 같습니다."

"개인적인 화제로 넘어가면…"

"제가 말을 할 줄 모르는 건 아닙니다. 사실 저는 말을 많이 합니다. 하지만 그건 화제가 제 직업이나 가족 혹은 상대의 일과 가족일 때의 얘기입니다. 두 사람만의 이야기를 나누는 법을 모르겠습니다. 개인적인 화제로 넘어가면 무슨 말을 해야 할지 막막해집니다."

나는 브라이언이 올바른 길에 들어섰음을 직감하고 이렇게 말했다. "사춘기 시절 아버지와의 관계는 어땠습니까?"

그는 잠시 생각하더니 이렇게 말했다. "서먹했습니다. 아버지는 술을 많이 드셨습니다. 고등학교 때나 대학 때 제 경기를 보러 오신 적은 거의 없었습니다. 어쩌다 오시면 제 경기 모습을 심하게 나무라셨지요. 한번은 대학 풋볼 경기를 보러 와서 이렇게 말씀하셨습니다. '그렇게 해 가지곤 프로 풋볼팀에서 못 뛴다.'

그 말은 정말 잊지 못할 겁니다. 정말 참담했습니다. 그날 밤 저는 취하도록 술을 마셨고 아버지의 말을 생각하지 않으려 애썼습니다. 하지만 그 말이 머리에서 떠나지 않았습니다. 프로 풋볼에 진출할 생각을 아예 접게 된 것이 그 일 때문인지도 모릅니다."

"어릴 때도 아버지가 비판적이셨나요?"

"네, 술을 드셨을 때는 특히 그랬습니다. 술을 드셨을 때는 모든 걸 못마땅하게 여기셨습니다. 툭하면 저와 어머니를 나무라셨죠."

"어머니는 어떠셨나요? 어머니와의 관계는 어땠습니까?"

"어머니는 자주 우울해 하셨습니다. 힘든 삶을 사셨거든요. 제 식사를 챙겨 주시고 옷을 빨아 주시고 온갖 일을 해주셨어요. 하지만 그렇게 가까운 사이는 아니었습니다. 제가 십대로 접어들면서부터는 더욱 그랬습니다. 그래도 제 숙제와 귀가 시간은 철저히 챙기셨지요. 고등학생 시절 어머니는 제게 풋볼 때문에 공부를 소홀히 해서는 안 된다고 늘 말씀하셨습니다."

낙심시키는 말을 하는 가정

짧은 대화를 나누고 나자 브라이언이 부정적 언어 환경에서 자라났다는 걸 분명히 알 수 있었다. 그가 부모에게서 들은 말은 대부분 비판적이거나 낙심시키는 말이었다. 나는 물었다. "샌드라와 트리시아를 사귈 때 그들의 어떤 부분이 매력적이었습니까?" 그는 내 질문에 다소 충격을 받은 듯했지만 더듬더듬 대답을 이어 나갔다.

"어, 글쎄요, 둘 다 예뻤습니다. 샌드라는 아주 재미있는 친구였어요. 트리시아는 말수가 좀 적은 편이었지만 아주 진실했고요. 특히 신앙심이 깊은 점이 마음에 들었습니다. 독실한 크리스천이었는데 그 점이 좋았습니다. 트리시아의 가족도 마음에 들었습니다. 부모님은 금실이 아주 좋으셨고 두 분 다 저를 좋아하시는 것 같았습니다. 샌드라는 영화 보기와 자전거 타는 걸 좋아했습니다. 그전까지 저는 자전거 타는 걸 그다지 즐기지 않았지만 한번 해보니 뜻밖에 아주 재미있었습니다. 우리는 두어 번 종일 자전거 여행을 가기도 했습니다. 두 친구 모두 대학을 졸업했고 똑똑했습니다. 그것도 둘 다 마음에 드는 부분이었지요."

"두 사람의 옷차림을 보고 칭찬한 적이 있습니까?" 브라이언은 한동안 아무 말이 없더니 이윽고 입을 열었다. "모르겠습니다. 둘 다 그저 평범하게 입었거든요. 옷을 어떻게 입었는지는 기억이 안 납니다. 언제나 괜찮았거든요."

"그러니까 누구에게도 '그 옷 입으니까 근사하다.'라고 말한 적이 없다는 거군요?"

"네, 그렇습니다."

"샌드라에게 '그 영화 정말 탁월한 선택이었어. 정말 재미있었어.'

라는 식의 말을 건넨 적이 있습니까?"

"샌드라가 고른 영화는 대부분 맘에 들었습니다. 줄거리가 맘에 안 들어서 짜증 난 적은 한두 번뿐이었거든요."

브라이언이 내 질문을 제대로 듣지 못했나 싶어서 나는 질문을 되풀이했다. "그녀가 고른 영화를 정말 재미있게 봤다고 말해 준 적이 한 번이라도 있습니까?" 그의 답변은 시사하는 바가 컸다.

"샌드라는 제가 그 영화들을 맘에 들어 했다는 걸 알았을 겁니다."

분명한 사실이 드러났다. 브라이언은 '인정하는 말'이라는 사랑의 언어를 배우지 못했던 것이다. 그러나 본인은 그 사실을 분명하게 인식하지 못했다.

내가 파악한 내용을 한 차례의 대화로 브라이언에게 전달할 수 있을지 자신은 없었다. 그래도 나는 시도를 해보았다.

"브라이언, 제가 발견한 내용이 잘 전해지면 좋겠네요. 그럼 앞으로의 인간관계에 도움이 될 거예요. 당신은 인정하는 말을 많이 듣지 못하고 자라났어요. 당신은 주로 비판과 단죄하는 말을 들었어요. 그 말들은 당신에게 깊은 상처를 남겼어요. 그래서 성인이 된 지금도 그중 일부를 기억하는 거예요. 당신의 부모님이 나쁜 사람들이거나 당신을 사랑하지 않았다는 뜻이 아니에요. 당신이 부모님의 사랑을 제대로 느낄 수 없었다는 뜻일 뿐이에요."

브라이언의 눈에 물기가 어려 있었다. 마음을 열고 내 말을 듣고 있다는 뜻이었다. 그러나 그는 뜻밖의 말을 했다. 눈에서는 눈물이 쏟아지고 있었다. "누구나 아버지가 자신을 자랑스러워한다는 말을 듣고 싶어할 것 같아요. 저는 그 말을 듣지 못했고 아버지가 저를 자랑스러워하신다고 느끼지 못했어요. 사실 아버지가 저를 보고 '사랑한다, 네가 자랑스럽다.'라고 말씀하시는 걸 들어 본 적이 없어요. 하지만 이제 저는 어른이에요. 그런 일에 연연해서는 안 되지요. 지난 일이니 이제 어쩔 도리가 없잖아요. 그러니 울 이유도 없는 거죠."

브라이언은 눈물을 닦아내고는 다소 계면쩍은 듯 미소를 지었다.

내가 말했다. "당신이 눈물을 흘리는 건 우리가 아주 중요한 대화를 나누고 있기 때문입니다. 우리 모두 부모님의 사랑과 인정을 받기 원합니다. 우리가 사랑을 느끼는 방법 중 하나는 인정하는 말을 듣는 겁니다. 당신은 부모님께 그 말을 듣고 싶었습니다. 그건 우리가 모두 듣고 싶어하는 말이기도 합니다. 하지만 당신이 들었던 건 비판의 말들이었습니다. 그런 말들은 도움을 주지 못합니다. 상처만 줍니다. 그러나 과거를 바로잡기 위해 할 수 있는 일이 있을 것 같습니다.

우선 여자 친구들과의 관계에 초점을 맞춰 봅시다. 어쩌면 제가 하는 말 때문에 지금까지 울었던 것보다 더 많이 울게 될지도 모릅니다. 당신이 다른 사람과의 관계에서 어려움을 겪었던 이유 중 하나는 인정하는 말이라는 사랑의 언어를 듣지 못했고 다른 사람들을 인정하는 말도 할 줄 모르기 때문입니다.

샌드라나 트리시아에게 '그 옷 입으니까 근사하다.'라고 말한 기억이 없다고 했습니다. 샌드라에게 '그 영화 정말 탁월한 선택이었어. 정말 재미있었어.'라고 말한 기억도 없다고 했어요. 개인적인 화제로 넘어가면 '두 사람에 관해 이야기하는' 법을 모르겠다고 했어요. 그러니까 풋볼, 직업, 가족, 정치, 날씨, 스포츠 등 다른 것에 대해서는 말을 참 잘하는데 개인적인 차원에서 상대를 인정하는 말을 어떻게 하는지 배우지 못했다는 말이군요.

　남자들이 인정하는 말을 듣고 싶어하는 것처럼 여자들도 말로 인정받고 싶어합니다. 자신을 인정하지 않는 데이트 상대와는 멀어지게 됩니다. 인정하는 말이 없으면 사랑도 없는 거라고 생각하기 때문입니다."

브라이언의 발견

　브라이언은 이제 울고 있지 않았다. 그는 고개를 끄덕이며 말했다.
　"어떻게 그걸 놓칠 수 있었을까요? 선생님 말씀이 맞습니다. 저는 사람들을 인정하지 않아요. 오히려 비판할 때가 많습니다. 트리시아가 약속 시각에 늦은 적이 있었거든요. 그때 제가 화가 난 나머지 트리시아에게 무책임하다고 말했던 기억이 납니다. 샌드라와 트리시아 모두에게 몇 번인가 미성숙하다고 생각되는 부분들을 지적해 준 적이 있어요. 이제 보니 아버지가 저를 비판하신 것처럼 제가 그들을 비판했었군요. 왜 그걸 깨닫지 못했을까요?"
　브라이언은 다시 눈물을 흘렸다.
　이것은 브라이언의 인생에 커다란 전환점이 될 수 있었다. 나는 울고 있는 브라이언 곁에 말없이 앉아 그의 어깨에 손을 얹었다. 마침내 그가 물었다. "희망이 있습니까? 제가 받지 못한 걸 어떻게 줄 수 있을까요?"

브라이언은 우리의 대화가 그렇게 깊숙한 데까지 이르게 될 줄 몰랐을 것이다. 그러나 어쨌건 우리는 거기까지 이르렀고 이젠 돌이킬 수 없었다. "브라이언, 희망은 있습니다. 그것이 인간이 가진 놀라운 능력이지요. 우리는 자신의 미래를 바꿀 수 있습니다. 과거의 노예가 될 필요가 없습니다. 사랑을 받지 못했어도 우리는 사랑하는 법을 배울 수 있습니다."

사실 이것이야말로 사랑을 받을 수 있는 가장 **빠른** 방법이다.

행동할 시간

브라이언이 기독교 신앙을 중요하게 여기는 것이 분명했으므로 나는 그에게 예수님의 말씀을 상기시켜 주었다. "주라 그리하면 너희에게 줄 것이니"(눅 6:38). "우리가 사랑함은 그가 먼저 우리를 사랑하셨음이라"(요일 4:19). "인간관계에서도 같은 원리가 적용됩니다. 우리는 모두 사랑받고 싶어합니다. 사랑받는 첫 번째 단계는 다른 사람에게 사랑을 표현하는 것입니다."

브라이언이 물었다. "저를 도와주실 수 있겠습니까?"

"도울 수 있고, 돕고도 싶습니다. 하지만 지금 당장은 안 됩니다. 5분 후에 선약이 있거든요. 하지만 오늘 밤 9시에 로비로 오면 사랑의 언어인 인정하는 말을 배울 수 있는 몇 가지 방법을 알려 드리지요."

"알겠습니다."

나는 브라이언을 안아 주고 자리를 떴다. 어쩌면 이날은 그의 생애에서 가장 중요한 날 중 하나가 될지도 몰랐다.

공책 펼치기

그날 저녁 9시에 로비에 도착해 보니 브라이언은 벌써 공책을 들고 와 있었다. 그가 말했다. "이렇게 시간을 내주셔서 정말 감사합니다. 이 시간이면 아주 피곤하실 텐데요."

"피곤하지만 다행히 아직은 괜찮아요."

브라이언이 말했다. "오후 내내 아까 나눴던 대화를 생각해 보았습니다. 정말 맞는 말씀입니다. 그 오랜 세월 동안 어떻게 그걸 깨닫지 못했는지 모르겠습니다."

"음, 그 문제에 대해 앞으로 어떻게 하는가, 그게 중요하겠지요. 준비됐나요?"

그가 공책을 펼치며 말했다. "준비됐습니다."

우리는 먼저 그의 부모에 관해 얘기를 나누었다. 아버지는 지난 몇 년 동안 술을 끊었지만 아직도 가끔은 "술의 유혹에 넘어간다"고 브라이언이 말했다. 이제 새로운 직장을 구한 브라이언은 부모님을 석 달에 한 번씩 뵈러 간다고 했다.

"전화나 이메일로 부모님께 얼마나 자주 연락을 드리나요?"

"두 분 다 컴퓨터를 잘 모르시기 때문에 이메일은 보내지 않습니다. 그냥 한 주에 한 번 정도 안부 전화를 드립니다."

나는 말했다. "좋습니다. 첫 번째 원리는 '자신이 있는 자리에서 시작하라'는 겁니다." 브라이언은 공책에다 "자신이 있는 자리에서 시작하라."고 썼다. 그는 배울 준비가 되어 있었다.

"당신이 지금 어떤 자리에 있는지 설명해 보겠습니다. 오늘 아침에 나눈 대화의 요약이 되겠네요. 당신은 이제 성인입니다. 아버지에게서 '사랑한다. 네가 자랑스럽다.'라는 말을 들어 본 기억이 없지요. 그리고 어머니에게서 긍정적인 말을 들은 기억도 없습니다. 맞습니까?"

브라이언이 고개를 끄덕였다.

"여러 해 동안 당신은 그 상처를 마음에서 몰아내고 그건 중요하지 않다고 생각하려 애써 왔어요. 하지만 오늘 아침 대화를 통해 그것이 중요하다는 게 분명해졌지요. 두 번째 원리는 이겁니다. '수동적이 되지 말고 적극적이 되라.'"

브라이언은 다시 받아 적었다.

"이제까지 당신의 접근 방식은 수동적이었습니다. 말없이 고통을 감수한 거지요. 그러나 오늘부터는 행동을 취하라고 말씀드리고 싶어요. 사랑하겠다는 선택은 솔선해 행동하겠다는 뜻이거든요. 그건 다른 사람의 유익을 위한 언행, 그들을 더 나은 사람으로 만들고 그들의 삶을 더욱 풍성하게 하며 더욱 의미 있게 해줄 언행을 하겠다는 결심입니다."

부모를 인정하기

"사랑을 표현하는 방법 중 하나는 인정하는 말입니다. 이제 세 번째 원리를 말할 차례가 되었군요. '사랑하거나 사랑을 표현할 전략을 세우라.' 제가 우선 제안하고 싶은 전략은 이것입니다. 다음번에 부모님께 전화 드릴 때는 전화를 끊기 전에 '사랑해요, 어머니.' 혹은 '사랑해요, 아버지.'라고 말하는 겁니다. 그분들의 반응은 중요하지 않아요. 중요한 건 당신이 솔선해 부모님을 인정하는 말을 하는 겁니다. 전화를 사용해 그 말을 하는 것이 당신의 전략입니다.

일단 한 번 하고 나면 횟수가 늘어 갈수록 그 말이 더 쉽게 나올 겁니다. 이제부터 석 달 동안 부모님과 전화 통화를 할 때마다 '사랑해요.'라는 말로 마치세요. 그렇게 석 달이 지나면 한마디를 더 덧붙이는 겁니다. '사랑해요, 아버지. 그동안 저를 위해 참 많은 걸 해주셨어요. 감사합니다.', 이렇게요. 어머니에게도 그렇게 하십시오. 그렇게 석 달 동안 하십시오. 할 수 있겠어요?"

브라이언이 말했다. "네. 처음이 가장 힘들 것 같네요."

"자, 내 말이 제대로 전달되었는지 확인해 볼까요? '사랑해요, 어머니.'와 '사랑해요, 아버지.'가 참된 말인가요? 기억하세요. 사랑은 상대방이 잘되길 바라는 마음입니다. 당신은 부모님의 여생이 최고의 삶이 되길 바라세요?"

브라이언이 말했다. "네."

"그럼 '사랑해요.'라는 말은 진실한 말이군요."

"네."

"'그동안 저를 위해 참 많은 걸 해주셨어요. 감사합니다.' 이 말은 사실인가요? 어머니가 당신을 위해 좋은 일들을 하셨을 것 같은데요."

"네."

"그리고 아버지는 일을 해서 가족의 생계를 책임지셨습니까?"

"네."

"그렇다면 '사랑해요.'와 '그동안 저를 위해 참 많은 걸 해주셨어요. 감사합니다.'는 둘 다 사실이군요?"

"네, 그렇습니다."

"그럼 제가 요구하는 건 사실을 부모님에게 말로 표현하는 것이군요. 인정하는 말은 다른 사람의 가치를 인정하는 참된 말입니다. 제가 말한 대로 한다면 6개월이 지나기 전에 두 분 모두 당신을 인정하는 말을 하실 겁니다. 제가 장담하지요. 이것은 부모님의 인정을 받기 위해 하는 행동이 아닙니다. 당신이 그분들을 사랑하기로 선택했기 때문에 하는 겁니다. 그러나 사랑은 또 다른 사랑을 불러일으키는 법입니다. 당신은 부모님이 먼저 어떻게 해주시길 기다리지 않고 먼저 사랑을 표현하기로 선택한 겁니다."

출발 장소

브라이언이 말했다. "좋습니다. 그렇게 하겠습니다. 하지만 이 일이 어떻게 제 연애 관계를 도울 수 있을까요?"

"이것은 첫 번째 단계입니다. 인정하는 말로 부모님께 사랑을 표현하는 법을 배운 후에는, 사귀는 여자 친구에게 사랑을 표현하는 법도 배울 수 있습니다. 하지만 다음 단계는 그게 아닙니다. 지금 당장은 여자 친구가 없지요?"

"맞습니다."

"그럼 이 원리를 직장 동료들에게 적용해 보십시오. 직장에도 인간관계가 있으니까요. 이제부터 석 달 동안 같이 일하는 동료에게 적어도 일주일에 한 번씩은 인정하는 말을 하기로 목표를 세우십시오."

목록 작성하기

나는 브라이언에게 말할 거리를 가르쳐 주었다. 대략 이런 것이었다.

- "그 전화 받아 줘서 고마워요. 그 사람하고 얘기할 시간이 없었는데 잘 처리해 줬어요."
- "언제나 대단히 긍정적인 태도를 갖고 있군요. 정말 훌륭해요."
- "이 일 정말 잘했어요. 고마워요."
- "사장님 말씀 들었어요. 덕분에 체면 살렸어요. 고마워요."
- "언제나 일을 깔끔하게 처리하네요. 정말 인정하지 않을 수 없어요."

나는 그에게 물었다. "회사에서 경비 아저씨를 볼 일이 있나요?"
"자주는 아니지만 가끔 늦게까지 일할 때 봅니다."
"그럼 이렇게 말해 주세요. '매일 밤 쓰레기를 치워 주셔서 고맙습니다. 아저씨가 안 계신다면 여기가 어떻게 될지 모르겠어요.'"

그는 앞의 목록 아래에 마지막 말을 받아 적었다. 브라이언은 인정하는 말 두어 가지를 생각해 냈는데 그중 하나를 들으니 웃음이 절로 나왔다. "매일 아침 커피를 타주는 사람에게 고마움을 전할 수 있을 것 같아요."

"뭐라고 할 건데요?"

"'댄, 매일 아침 커피를 타줘서 고마워. 난 안 마시지만 커피 향이 정말 좋아.' 이렇게요."

"훌륭하네요! 몇 주 동안 공책에다 다른 말들도 덧붙여 나가면서 매주 동료 중 누군가에게 감사의 말을 건네 보십시오."

브라이언이 미소를 지으며 말했다. "좋습니다. 하지만 연애는 어떻게 되는 겁니까?"

내가 대답했다. "연애 문제에 정말 관심이 많으시군요."

"나이가 나이다 보니 그렇습니다. 저는 결혼을 하고 싶습니다. 연애를 해야 결혼을 하지 않겠습니까?"

브라이언은 웃고 있었지만 그건 그의 진심이었다. 나는 말했다. "좋습니다. 공책 다른 쪽에 사귀는 아가씨에게 해줄 말, 그녀의 가치를 인정해 줄 말을 적어 보세요. 예전에 사귀었던 사람들을 떠올리면서 이렇게 자문해 보는 것도 좋습니다. '어떤 말을 했더라면 그들을 인정하는 것이 되었을까?'

오늘 아침에 했던 얘기로 돌아가 봅시다. '그 옷 입으니까 근사하다.', '그 영화 정말 탁월한 선택이었어. 정말 재미있었어.'" 브라이언은 다시 적어 나갔다. "자, 샌드라에게 또 어떤 말을 해줄 수 있었을까요?"

한동안 침묵이 흘렀다. 마침내 브라이언이 말했다. "이렇게 말할 수 있었을 것 같네요. '네 눈은 정말 아름다워.'"

"그랬나요?" 내가 물었다.

"네, 눈이 아름다웠습니다. 눈은 그녀의 매력 포인트였어요. 눈동자가 빛났었지요."

"그럼 인정하는 말 목록에다 그걸 추가하세요. '네 눈은 아름다워. 네 눈동자에서는 빛이 나.'"

"아, 이거 정말 쑥스럽군요. 할 수 있을지 모르겠습니다."

"브라이언, 데이트 첫날 그렇게 하라는 게 아닙니다. 사귀다 보면 어느 순간 연인 관계에서는 쑥스러운 게 없어지지요."

"압니다. 그게 저의 문제입니다."

"그리고 이제 그 문제를 극복하는 법을 배우고 있지요. 여자 친구가 생길 무렵이 되면 부모님과 6개월, 직장 동료들과 3개월의 경험을 쌓은 뒤일 겁니다. 때가 되면 분명 그 말을 할 수 있을 겁니다."

우리는 목록을 추가해 나갔다. 그중 몇 가지를 소개해 본다.

- "어머니와의 관계가 참 좋은 것 같아. 어머니를 존경하면서도 어머니에게 눌려 살지는 않잖아."
- "오늘 데이트 신청을 받아 줘서 고마워. 정말 즐거웠어."
- "너 정말 체력이 좋구나. 부끄러운걸. 다음번에 자전거를 같이 타려면 연습을 좀 해야겠다."
- "애플파이 정말 맛있었어. 만드느라 고생이 많았겠다. 고마워."

브라이언이 그 공책을 어떻게 사용할지는 몰랐지만, 그에게 여성들과의 관계 개선을 위한 계획이 생겼다는 건 분명했다. 그리고 1년 후, 나는 또 다른 싱글 콘퍼런스에서 그를 만났다. 기뻐하는 나를 보며 브라이언은 신이 나서 여자 친구 린다를 소개했다. "사귄 지 다섯 달 되었습니다. 린다는 최고예요." 린다가 미소 지었고 나도 따라 미소 지었다. 브라이언이 인정하는 말을 배운 것이 분명했다.

브라이언과 그의 부모

브라이언과 어머니

나중에 둘이서 나눈 대화에서 브라이언은 부모와 있었던 일을 들려주었다. 전화 통화를 마치기 전 어머니에게 처음으로 "사랑해요."라고 말했을 때, 그의 어머니는 "나도 널 사랑한다."라고 말했다고 한다.

"제 귀를 믿을 수 없었어요. 두 달은 지나야 어머니가 뭔가 긍정적인 말씀을 하실 거라고 생각했거든요. 그 후 제가 '사랑해요.'라고 말할 때마다 어머니는 '나도 사랑한다.'라고 말씀하셨어요. 상황이 너무 잘 풀렸기 때문에 일정을 앞당겨 두 달 만에 이렇게 말했어요. '사랑해요. 그동안 저를 위해 참 많은 걸 해주셨어요. 정말 감사합니다.' 그러자 어머니가 이렇게 대답하셨어요. '브라이언, 널 위해 좀 더 많은 걸 해주지 못한 게 아쉽구나. 네가 어릴 때 난 너무 우울해서 네게 제대로 관심을 기울이지 못했어.'

무슨 말을 해야 할지 모르겠더군요. 그래서 이렇게 말했습니다. '천만에요, 잘해 주셨어요. 감사해요, 어머니. 사랑해요.' 그러자 어머니는 '나도 사랑한다.'라고 말씀하셨어요.

그 후로 저는 어머니가 저를 위해 하신 일, 제가 감사해야 할 일을 생각하기 시작했습니다. 그래서 목록을 작성했고 전화 통화를 마칠 때마다 어머니가 해주신 일을 기억하고 정말 감사한다고 말씀드렸어요. 6개월이 다 지나기 전에 어머니와 저는 근사한 대화를 나누게 되었습니다. 어머니는 더 좋은 엄마가 되지 못해 미안하다고, 용서해 달라고 하시더군요. 그래서 어머니는 많은 것을 해주셨고, 저는 정말 감사한다고 말씀드렸습니다."

브라이언과 아버지

아버지와의 관계에 대한 사연은 좀 달랐다. 브라이언이 처음으로 "사랑해요."라고 말했을 때 그의 아버지는 "뭐?"라고 물었다. 브라이언은 "사랑해요, 아버지."라고 다시 말했다.

"아, 그래." 아버지가 말했다.

브라이언이 두 번째로 아버지와 통화한 것은 그로부터 3주 후의 일이었다. 그는 통화가 끝날 무렵 다시 "사랑해요."라고 말했고, 아버지는 "그래, 알았다……."라고 말했다.

브라이언은 아버지보다 어머니와 더 자주 통화했다. 대개 어머니가 전화를 받았기 때문이다. 그렇게 석 달쯤 되었을 때 브라이언의 아버지는 마침내 "나도 널 사랑한다."라고 말했다.

"전화를 끊고 나자 감동의 물결이 밀려왔습니다. 아버지가 저를 사랑하신다는 걸 머리로는 알았지만, 아버지의 입을 통해 그 말을 들은 건 처음이었거든요. 믿기 어려웠어요.

그 후 제가 '사랑해요.'라고 말할 때마다 아버지는 '나도 널 사랑한다.'라고 말씀하셨습니다. 제가 '그동안 저를 위해 참 많은 걸 해주셨어요. 감사합니다.'라는 말을 덧붙이자 아버지는 이렇게 말씀하시더군요. '아니다, 충분하지 않았어.'"

"아버지가 해주신 일에 감사드리고 싶어요. 사랑해요."

"나도 널 사랑한다."

브라이언은 아버지가 그를 위해 했던 구체적인 일들을 예로 들며 감사를 전했다고 말했다.

"얼마 후 아버지는 제 풋볼 경기에 자주 가보지 못하고 제 삶에 좀 더 관심을 기울이지 못한 것을 후회한다고 말씀하셨습니다. 아버지는 교회에서 용서에 대해 배우고 계신다면서 제게 당신을 용서해 줄 수 있겠느냐고 물으셨어요. 저는 즉시 이렇게 대답했습니다. '그럼요, 아버지. 그럴 거란 거 아시잖아요.'"

어느 주말 부모님 댁에 있을 때, 브라이언은 아버지에게 이렇게 말했다. "아버지, 교회에 나가시고 하나님과 생명에 대해 배우시는 게 자랑스러워요. 그런 아버지의 모습이 정말 자랑스러워요."

"아들아, 난 네가 자랑스럽다. 너보다 더 나은 아들을 상상할 수 없구나."

브라이언은 팔을 벌려 아버지를 포옹했고, 아버지도 브라이언을 껴안았다.

"그때 아버지의 눈에 눈물이 고였는지는 모르지만 저는 분명 그랬습니다. 우리 관계는 그 후로 달라졌습니다."

작년에 제게 시간을 내주셔서 정말 감사합니다. 그 만남으로 제 삶이 이렇게 달라질 줄은 몰랐습니다. 린다에게는 신중을 기하고 있지만 인정하는 말을 계속하고 있습니다. 제 공책 보여 드릴까요?"

"물론이지요." 내가 대답했다.

그는 공책을 펴서 린다에게 했던 인정하는 말들을 보여 주었다. 무려 4쪽이나 되었다. 브라이언이 인정하는 말을 제대로 배웠음이 분명했다.

인정하는 말의 방언들

격려의 말

인정하는 말은 5가지 기본적인 사랑의 언어 중 하나다. 그러나 그 언어 안에는 많은 방언이 있다. 브라이언과 대화를 나누면서 우리는 감사의 말에 주로 초점을 맞추었다. 그것은 지금까지 받은 봉사에 대해 진실한 감사를 표현하는 일이었다. 그러나 인정하는 말에는 격려도 있다. '격려하다'(encourage)라는 단어는 '용기(courage)를 불러일으키다'라는 뜻이다. 우리는 모두 각자 불안을 느끼는 영역들이 있다. 용기가 부족한 경우 그 때문에 우리가 하고 싶은 긍정적 일들을 이루지 못하는 경우가 많다.

잠재력을 가진 직장 동료나 룸메이트가 당신의 격려의 말을 기다리고 있을지도 모른다. 친구 중에 배우가 되는 일에 관심을 보이는 사람이 있다고 하자. 그에게 잠재력이 있어 보인다면(우리 대부분은 그렇다) 하고 싶은 일을 해보라고 격려해 주자. "그걸 하는 너의 모습이 머릿속에 그려진다."라고 말해 주라. 그에게 경험이 부족하다면 관련 단체에서 수업을 받아 보라고 격려하라. 어느 정도 경험이 있는 사람이라면 소극단에서 오디션을 받아 보라고 권할 수도 있다. 친구의 격려를 기다리는 일들도 많다.

친구가 "체중을 줄여야겠어."라고 말한다고 하자. 당신은 어떻게 반응할 것인가? "누구나 체중은 줄여야지."라는 말로 "가볍게 무시해 버릴" 것인가? "그건 세상에서 가장 힘든 일 중 하나지.", "체중을 줄여 봐야 다시 찌고 말걸." 이렇게 친구의 사기를 꺾어 놓을 것인가? 아니면 친구에게 이런 격려의 말을 할 것인가? "마음만 먹으면 넌 성공할 수 있을 거야. 넌 한다면 하는 사람이잖아."

칭찬의 말

그런가 하면 칭찬의 방언도 있다. 이는 상대방의 업적을 인정하는 말이다. 우리는 모두 성취형의 기질을 어느 정도 가지고 있다. 우리는 일을 이루기 위해 몸을 던진다. 그리고 일을 이루면 인정받고 싶어한다. 영화계에는 오스카상이 있다. 음악계에는 도브 어워즈, 컨트리 뮤직상, 그래미상이 있다. 스포츠 행사에는 트로피가 있고, 기업은 감사패를 증정한다. 개인적 관계에서는 칭찬의 말이 인정받고 싶은 욕구를 채워 준다.

우리는 모두 때때로 어깨를 두드리면서 이렇게 말해 주는 사람들이 필요하다. "와, 대단해. 그거 정말 맘에 들어. 정말 잘했어." 잘못된 것을 지적하는 대신 모두 서로의 업적을 칭찬하기 시작한다면 세상에 어떤 일이 벌어질지 상상해 보라.

싱글 중에는 칭찬받아 마땅한 사람들이 수두룩하다. 가족을 부양하고 자녀를 교육하기 위해 일하는 싱글 맘은 상이라도 받아야 한다. 이혼의 고통을 딛고 미래를 믿는 긍정적 태도를 견지하는 사람에게는 찬사를 보내야 한다. 무서운 질병과 싸우면서도 긍정적 태도를 잃지 않고 바람직한 활동에 힘을 쏟는 싱글은 칭찬을 무더기로 받을 자격이 있다. 불우한 아이들이 배움의 꿈을 이룰 수 있도록 시간과 노력을 쏟는 싱글 역시 칭찬받을 자격이 있다. 우리 주위에는 매일같이 다른 사람들의 유익을 위해 애쓰는 사람들이 있다. 이 사람들은 칭찬의 말을 들어야 한다.

친절한 말

인정하는 말의 또 다른 방언은 친절한 말이다. 이것은 우리가 하는 말의 내용뿐 아니라 그 방식과도 관련이 있다. 같은 문장도 말하는 방식에 따라 의미가 전혀 달라질 수 있다. 친절하고 다정하게 "I love you."(당신을 사랑해)라고 말하면 진정한 사랑의 표현이 될 수 있다. 그러나 "I, love you?"(내가 당신을 사랑해?)는 어떤가? 물음표가 붙으면서 이 문장의 의미는 전혀 달라진다.

말의 내용과 어조가 전혀 다를 때도 있다. 두 가지 메시지를 보내는 셈이 되는 것이다. 사람들은 대개 단어가 아니라 어조로 상대의 말을 해석한다.

룸메이트가 "오늘 밤에는 정말 설거지를 하고 싶네."라고 소리를 지른다면 그것을 사랑의 표현으로 여길 수는 없을 것이다. 반면 상처와 고통, 심지어 분노를 담고 있는 말이라도 다정하게 이야기한다면 사랑의 표현이 될 수 있다. "오늘 저녁에 도와주지 않아서 실망했어."라는 말도 정직하게 마음을 열고 말한다면 사랑의 표현이 될 것이다. 그 말을 하는 사람은 상대가 자기 마음을 알아주길 바라고 진실한 관계를 만들려 노력하고 있기 때문이다. 그러나 같은 말을 사납고 커다란 목소리로 내뱉는다면 사랑의 표현이 아니라 단죄하고 판단하는 말이 될 것이다.

말을 어떤 식으로 하는가는 참으로 중요하다. 고대의 현인은 "유순한 대답은 분노를 쉬게 한다"(잠 15:1)고 말한 바 있다. 직장 동료가 홧김에 험한 말을 쏟아 낼 때, 당신이 그를 사랑하기로 선택한다면 똑같이 받아치지 않고 부드럽게 상대할 것이다. 당신은 그의 말을 감정 상태에 대한 정보로 받아들이고 동료의 말에서 상처와 분노, 상황 인식을 읽어 낼 것이다. 그리고 상대방의 입장이 되어 그의 시각을 통해 상황을 보려고 노력할 것이다. 그런 후에는 그의 심정에 대해 나름대로 대답할 수 있을 것이다.

당신이 그에게 잘못했다면, 기꺼이 잘못을 인정하고 용서를 구할 것이다. 당신의 생각이 그의 생각과 다르다면, 당신의 관점을 친절하게 설명할 것이다. 당신은 이해와 화해를 추구하며 당신의 생각을 유일한 논리적 상황 인식으로 강요하려 들지 않을 것이다. 이것이 성숙한 사랑이다. 사랑은 친절하게 말한다.

용서에 대하여

인정하는 말을 하기 위해서는 반드시 상처와 분노를 긍정적으로 처리해야 한다. 우리의 말은 대부분 마음에서 벌어지는 상황이 밖으로 흘러넘치는 것이다. 상처와 분노를 제대로 다루지 못한다면 결국 싸움을 자초하게 되고 우리의 말은 파괴적 결과를 낳게 될 것이다.

완벽한 사람은 없다. 우리는 언제나 최선의 행동이나 올바른 일을 하는 게 아니다. 때로는 주위 사람들에게 상처를 주는 언행을 한다. 과거를 지울 수는 없다. 과거를 자백하고 그것이 잘못이었음을 인정할 수 있을 뿐이다. 용서를 구하고 미래에는 다르게 행동하려 노력할 수는 있다. 실패를 인정하고 용서를 구한 후에는 회복의 가능성을 모색할 수 있다. "어떻게 하면 내가 당신에게 끼친 고통을 보상할 수 있을까요?" 이것은 사랑에서 나온 질문이다.

잘못의 피해자인 경우, 가해자가 잘못을 인정하고 용서를 구할 때 그를 용서하거나 정의를 요구할 갈림길에 서게 된다. 정의를 선택하여 그 사람이 나에게 한 대로 갚아 주려 하면 그것은 곧 나 자신을 재판관으로, 상대를 중죄인으로 만드는 것이다. 그러나 용서하기로 선택하면 화해할 수 있게 된다.

많은 싱글이 과거에 매여 새로운 날을 망쳐 버린다. 그들은 어제의 실패를 오늘 안에 한사코 쑤셔 넣어 오늘의 멋진 가능성을 망쳐 버린다. 앙심, 적개심, 복수심이 마음에 자리 잡으면 인정하는 말은 결코 나올 수 없다. 과거의 실패에 대해 우리가 할 수 있는 최선의 행동은 그것을 지난 일로 넘기는 것이다.

그 일을 없었던 셈 치라는 게 아니다. 그때의 고통을 부인하는 것이 아니다. 지금까지 그 고통이 남아 있을 수 있다. 그러나 가해자가 자신의 잘못을 인정한다면 나는 그를 용서하기로 선택한다. 그러나 만약 그 사람이 잘못된 행동을 계속한다면 나는 그 사람을 하나님께 맡긴다. 하나님이 자비의 하나님이실 뿐 아니라 정의의 하나님이심을 알기 때문이다. 그리고 다른 사람의 행동이 오늘의 내 삶을 파괴하도록 허용하지 않는다.

용서는 자백에 대한 반응이므로 상대를 하나님께 맡기는 것은 용서가 아니다. 그것은 내가 상처와 분노에 휩싸이지 않도록 상처와 분노를 놓아 보내는 일이다. 그것은 사람들이 내게 범한 잘못에도 불구하고 그들을 사랑하기로 선택하는 일이다. 그것은 관계를 회복시키지는 않지만 내가 다른 사람들을 사랑하고 그들과 어울려 평화롭게 살 수 있게 해준다.

사랑하는 사람이 되고 싶다면 자신이 동료, 이웃, 가까운 친구, 부모, 전 배우자, 룸메이트, 상점 직원에게 어떤 말을 하고 있는지 주의 깊게 살펴보라. 내가 어떤 말을 어떤 방식으로 하는가, 그것이 내 인간관계에 영향을 끼칠 것이다. 인정하는 말은 관계를 향상하게 한다. 가혹한 정죄의 말은 관계를 파괴한다.

기억하라. 사랑은 선택이다. 다른 사람들을 사랑하기로 선택하라.

생각할 질문   QUESTIONS TO PONDER

1. 당신은 부모님의 인정하는 말을 어느 정도나 들었는가?

2. 부모님께 인정하는 말을 하기가 쉬운가, 어려운가? 왜 그런가?

3. 부모님께 인정하는 말을 하기가 어렵다면, 지금이 바로 솔선해 부모님께 인정하는 말을 건네야 할 때가 아니겠는가?

4. 다른 사람과의 관계에서는 인정하는 말을 부담 없이 하는가?

5. 잘 지내고 싶은 사람이 있는가? 인정하는 말이 그 사람에게 어떤 의미가 있을 것 같은가?

04
사랑의 언어 #2
선물

THE FIVE LOVE
LANGUAGES
FOR SINGLES

몇 주 전 나는 최근에 양로원으로 들어가신 어느 미망인 할머니를 방문했다. 대화 도중 나는 새집이 마음에 드시는지 물었다. "좀 좁은 감이 있어요. 가구 대부분을 버려야 했다오."

할머니는 구석에 있는 의자를 가리키며 말했다. "아이들은 흔들의자를 갖고 들어가지 말라고 했지. 하지만 저건 마빈이 준 거야. 도저히 버릴 수가 없더라고."

"부군께서는 선물을 잘 주셨습니까?" 나는 그렇게 물었다.

"아니라오. 사실 남편이 준 선물은 몇 개 안 돼. 저 흔들의자는 첫 번째 아이가 태어났을 때 남편이 사 온 거예요. 내가 아기를 돌보는 데 흔들의자가 있으면 좋겠다는 말을 했었거든. 하지만 일주일 후 남편이 진짜로 의자를 가져온 걸 보고 깜짝 놀랐지. 두 아이 모두 저 의자에서 길렀어요. 저 의자를 갖고 있으니 마빈과 아이들의 일부가 나와 함께 있는 것 같아."

나는 말했다. "저 의자를 갖고 계시니 기쁩니다. 앞으로도 계속 갖고 계셨으면 좋겠습니다."

우리의 화제는 다른 문제들로 넘어갔고 얼마 후 나는 자리에서 일어섰다. 방에서 나오며 안쪽을 힐끗 보니 흔들의자가 있었다. 그것은 40년이 넘도록 사랑을 전달해 준 선물이었다. 선물을 준 사람은 가고 없지만 선물은 여전히 남아 있었다.

선물의 의미

올바른 선물

선물은 "당신을 생각하고 있었어요. 당신이 이걸 가졌으면 해요. 사랑합니다."라고 말해 주는 구체적 물건이다.

학부 때 내 전공은 문화를 연구하는 학문인 인류학이었다. 인류학자들은 선물이 사랑의 표현이 아니었던 문화를 이제껏 단 하나도 발견하지 못했다. 선물은 근본적이고 보편적인 사랑의 언어 중 하나다.

어떤 선물들은 몇 시간밖에 가지 않는다. 많은 싱글 맘이 이런 선물을 기억하고 있을 것이다. 아이가 마당에서 꺾어 들고 온 민들레는 금방 시들지만 그 기억은 여러 해 동안 지속한다. 흔들의자처럼 평생을 가는 선물들도 있다. 그러나 중요한 것은 선물이 아니라 선물을 통해 전해지는 사랑이다. 올바른 선물은 크건 작건 사랑의 증표가 된다.

잘못된 의미

선물에 해당하는 영어 단어 'gift'의 어원인 헬라어는 '카리스'(charis)로, '은혜' 또는 '과분한 선물'을 뜻한다. 선물의 본질은 제공된 서비스에 대한 보상이 아니다. 데이트 상대가 "당신이 이렇게 해주면 나는 당신에게 이것을 줄게요."라고 말할 때, 그것은 선물을 제의하는 것도 사랑을 표현하는 것도 아니다. 단지 거래를 제의하는 것뿐이다. 선물은 아무 조건 없이 주어지는 것이며 그렇지 않을 때는 더 이상 선물이라 할 수 없다.

상대의 화를 풀게 하려고 주는 선물은 선물이 아니다. 어떤 사람들은 선물을 주면 자신이 내뱉은 모진 말이 상쇄된다고 생각한다. 아버지에게서 이런 말을 들으며 자란 아들들도 있다. "잘못을 저질렀거든 그녀에게 꽃을 사주거라. 꽃은 허다한 죄를 덮는단다." 그러나 그런 과정이 되풀이되면 여성들은 받은 꽃을 도로 남자의 얼굴에 던져 버리고 싶어진다. 선물은 과거의 실패를 무마하기 위한 시도가 아니라 순수한 사랑의 표현으로 제시될 때에만 선물이라 할 수 있다.

선물은 사랑의 시각적 상징이다. 대부분의 결혼식에서 신부와 신랑은 반지를 주고받는다. 주례는 이렇게 말한다. "이 반지들은 끝없는 사랑으로 두 사람의 마음을 묶어 주는 내적이고 영적인 결합의 정표입니다."

나는 결혼반지에 대한 이 말의 중요성을 『5가지 사랑의 언어』에서 지적한 바 있다.

이것은 무의미한 미사여구가 아니라 중요한 진리를 말하고 있다. 상징물이 그냥 상징에 그치는 것이 아니라는 사실은 결혼이 파경에 이른 시점에서 더욱 극명하게 드러난다. 남편이나 아내가 결혼반지를 더 이상 끼지 않을 때, 그것은 그들의 결혼 생활이 심각한 위기에 처했다는 외적 증거다. 한 남편의 말을 들어 보자. "아내가 결혼반지를 제게 내던지고 화를 내며 문을 쾅 닫고 집을 나갔을 때, 우리의 결혼이 심각한 위기에 처했다는 걸 깨달았습니다. 저는 이틀 동안 아내의 반지를 줍지 않았습니다. 그리고 마침내 그것을 집어 들었을 때 저는 주체할 수 없이 울고 말았습니다." 결혼반지는 부부의 헌신과 사랑을 상징하는 물건이었지만, 아내의 손가락을 떠나 그의 손에 놓인 그것은 두 사람의 결혼이 산산조각이 나고 있음을 보여 주는 증표로 변했다.[1]

내던져진 결혼반지는 남편의 마음을 뒤흔들어 놓았다. 많은 이혼자가 그 심정을 이해할 것이다.

선물의 크기, 모양, 색깔, 가격은 상관없다. 돈을 주고 살 수도 있고, 어디선가 찾아낼 수도 있으며, 직접 만들 수도 있다. 선물을 받는 것이 주된 사랑의 언어인 사람에게 선물의 가격은 그다지 중요하지 않다. 여유가 있다면 5달러짜리 아름다운 카드를 사서 마음을 전할 수도 있다. 돈이 없다면 직접 만드는 건 어떤가? 직장에서 종이를 하나 구해 반으로 접고 가위로 하트 모양을 잘라 "사랑합니다."라고 쓴다. 그리고 그 위에 사인을 한다. 선물은 굳이 값비싸지 않아도 된다.

사랑의 언어, 선물 주기를 배우라

하지만 "저는 선물을 줄 줄 몰라요. 어릴 때 선물을 별로 못 받고 자랐거든요. 선물을 고르는 법도 배우지 못했어요. 그게 자연스럽게 안 돼요."라고 말하는 사람들은 어떻게 하나? 당신이 이들 중 한 명이라면 축하의 말을 전해야겠다. 당신은 방금 위대한 연인이 될 수 있는 첫 번째 발견을 했기 때문이다. 사랑에는 노력이 필요하다. 사랑을 위해서는 종종 당신이 말해 본 적이 없는 사랑의 언어를 배워야 할 때가 있다. 다행히 선물 주기는 가장 배우기 쉬운 사랑의 언어에 속한다.

상대의 관심사를 알라

어디서부터 시작해야 할까? 우선 사랑하는 사람의 말을 경청하라. 그리고 그들의 관심사나 그 자녀들의 관심사를 포착하라.

물건 수집을 좋아하는 사람들이 있다. 내가 얼마 전 만난 여성은 양념 통을 천 개도 넘게 모았다. 그 대부분은 그녀의 관심사를 아는 친구들이 준 것이다. 보브의 비서는 싱글 맘으로 아이를 기르고 있었다. 어느 날 보브는 비서의 열두 살짜리 아들이 야구 카드를 수집한다는 말을 들었다. 그래서 그는 꼬마가 어떤 카드를 갖고 싶어하는지 알아보라고 말했고 출장길에 호텔 근처에 있던 팬시점에서 5분 만에 목록에 있는 야구 카드를 찾았다. 그는 비서에게 아들아이 선물이라며 카드를 내밀었다. "그때 누가 그녀의 반응을 봤다면 내가 백만 달러라도 준 줄 알았을 겁니다."

남의 말을 경청하는 데는 시간과 의식적 선택이 필요하다. 그리고 우리 대부분은 들은 내용을 적어 두지 않으면 안 된다. 그렇지 않으면 그 선물을 발견하기도 전에 몽땅 잊어버리고 마니까 말이다. 크래커 배럴 레스토랑 및 선물 가게 등에서 볼 수 있는 "컨트리풍"의 물건을 좋아하는 사람들이 있는가 하면 "컨트리"라면 질색을 하는 사람들도 있다. 그런 사람들이 컨트리풍의 물건을 선물로 받으면 집 안 구석에 처박아 두게 될 것이다. 선물을 통해 사랑을 전하고 싶다면 우선 상대방의 관심사를 알아내야 한다.

보브와 메리는 사귄 지 두 달이 되었다. 메리는 식사 때마다 보브가 디저트로 애플파이를 주문하는 것을 보았다. 어느 날 저녁 그녀가 물었다. "애플파이 좋아하나 봐요?"

"제일 좋아해요. 어릴 때부터 애플파이가 좋았어요."

메리가 보브에게 선물하려 한다면 이제 훌륭한 실마리가 생긴 셈이다.

어느 날 저녁 일상적인 대화를 나누던 중에 메리가 보브에게 이렇게 말했다. "엄마가 편찮으신 뒤로는 이틀에 한 번씩 문안 전화를 드리려고 해요. 장거리 전화라 요금이 만만치가 않아요."

보브가 메리의 말에 귀를 기울이고 있다면 그녀에게 선불 전화 카드가 탁월한 선물이 될 거라는 걸 발견했을 것이다.

사람들은 자신의 관심사를 이야기한다. 주의해서 들으면 그 사람에게 적절한 선물이 무엇인지에 대한 수많은 단서를 포착하게 될 것이다.

선물이 전하는 메시지에 신경을 쓰라

연인 관계에서는 선물에 대한 상대의 반응에도 신경 써야 한다. 너무 비싸거나 다른 의미로 오해하기 쉬운 것들은 쉽사리 받아들이기 어렵기 때문이다. 노스캐롤라이나의 산악 지역에서 열린 싱글 콘퍼런스에서 5가지 사랑의 언어에 대한 강연이 끝난 후 조시는 어려운 문제를 가지고 나를 찾았다. "저는 5가지 사랑의 언어를 모두 인정합니다. 하지만 사랑의 언어를 구사하려 하는데 데이트 상대가 그걸 받아들이지 않으면 어떻게 합니까?"

"예를 하나 들어 주시겠습니까?"

"음, 지금 사귀는 아가씨와 만난 지 석 달이 되었습니다. 저는 그녀가 정말 좋습니다. 사만다처럼 멋진 사람은 여태 만나 보지 못했습니다. 저는 그녀에게 제 마음을 전하고 싶어 아주 비싼 선물을 샀습니다. 하지만 그걸 전했더니 그녀가 이렇게 말하더군요. '이걸 받을 수는 없어요. 옳지 않은 것 같아요.' 저는 참담했습니다. 그리고 아직도 이해가 안 됩니다. 그녀가 받았으면 좋겠거든요."

"그녀가 선물을 거절한 이유를 알 것 같습니다. 하지만 그 이유를 듣고 싶어하실지 모르겠군요."

"듣고 싶습니다. 정말입니다."

"좋습니다. 제 추측을 말씀드리지요. 두 사람의 관계에 대한 인식이 각기 다른 듯합니다. 당신이 사만다에게 아주 관심이 있다는 건 분명해 보이는군요. 그녀처럼 멋진 사람은 만나 보지 못했다고 하셨으니까요. 그녀를 위해 그렇게 비싼 선물을 산 걸 보면 당신이 그녀를 얼마나 진지하게 생각하는지 알 수 있지요."

조시는 수긍한다는 듯 고개를 끄덕였다. 나는 계속 말을 이었다. "하지만 사만다는 두 사람의 관계를 다르게 본다는 게 문제입니다. 그녀가 당신에게 관심이 있는 건 분명합니다. 그렇지 않았다면 당신과 데이트를 하지 않겠지요. 하지만 그녀는 당신만큼 마음이 열려 있지 않습니다. 그런 값비싼 선물을 받기에는 아직 관계가 충분히 무르익지 않았다고 생각하는 겁니다. 당신에게 잘못된 인상을 주고 싶지 않은 거지요. 그녀는 두 사람의 관계가 그런 비싼 선물을 사랑의 표현으로 편안히 받을 수 있을 정도에 이르렀다고 생각하지 않습니다. 그러니 이 사실을 받아들이고 그녀의 마음을 존중해야 합니다."

한참의 침묵이 흘렀다. 이윽고 조시가 말했다. "박사님 말씀이 맞습니다. 과히 듣기 좋은 말은 아니군요. 하지만 박사님 말씀이 맞습니다. 저는 그녀를 너무 사랑하고 뭔가 근사한 걸 해주고 싶습니다. 하지만 그녀에게 좀 더 시간을 주면서 제가 그녀를 사랑하는 만큼 그녀도 저를 사랑하길 바라는 수밖에 없겠군요."

나는 고개를 끄덕이며 말했다. "지금부터 6개월 후 성탄절이 돌아오면 선물을 사기 전에 상황을 살펴보세요. 이런 식으로 말하면 됩니다. '이번 성탄절에는 당신을 위해 정말 근사한 선물을 해주고 싶어. 하지만 당신을 놀라게 하고 싶지는 않아. _____(선물 이름)를 내 사랑의 정표로 받아 주겠어? 아무 조건도 없어. 그냥 당신을 사랑한다는 걸 알려 주고 싶어.' 그녀가 그러겠다고 하면 그동안 두 사람의 관계가 성숙해졌다는 뜻입니다. 그녀가 거절한다면 그 반대가 되겠지요."

"알겠습니다. 그때쯤이면 진심으로 그녀가 제 선물을 받아 줬으면 좋겠습니다."

조시는 중요한 교훈을 배웠다. 우리는 상대방에게 우리의 사랑을 받으라고 강요할 수 없다. 다만 제안할 수 있을 뿐이다. 상대가 그것을 받아들이지 않으면 상대의 결정을 존중해야 한다.

선물과 돈

선물을 제대로 주는 사람이 되려면 돈에 대한 태도를 바꿔야 한다. 사람마다 돈의 목적에 대한 생각이 다르고 돈을 쓰는 것과 관련해 다른 느낌을 갖고 있다. 지출 성향이 있다면 돈을 쓸 때 뿌듯함을 느낄 것이다. 반면 저축 및 투자 성향이 있다면 돈을 저축하거나 현명한 투자를 할 때 뿌듯함을 느낄 것이다.

당신이 저축형이라면 사랑의 표현으로 돈을 쓴다는 것이 그리 탐탁지 않을 것이다. '나를 위한 물건도 안 사는데 다른 사람 물건을 왜 사야 하지?' 그러나 그런 태도는 당신이 저축과 투자를 통해 자신을 위한 무언가를 사고 있음을 깨닫지 못한 결과다. 당신은 저축과 투자로 자기 가치와 안정감을 사고 있다. 자신의 정서적 욕구를 채우는 방식으로 돈을 다루고 있는 것이다. 당시이 아끼는 사람의 주된 사랑의 언어가 선물을 받는 것이라는 사실을 발견한다면, 그 사람에게 선물을 사서 주는 것이 최고의 투자임을 이해하게 될 것이다. 그럼으로써 당신은 그 사람과의 관계에 투자하고 상대방의 사랑의 탱크를 채워 주게 된다.

돈, 사랑, 싱글 부모

선물의 목적은 "사랑합니다. 이 선물이 당신에게 진정 도움이 되길 바라요."라고 말하는 것임을 기억하라. 이것은 싱글 부모가 기억해야 할 대단히 중요한 사항이다. 어린아이나 십대가 된 자녀가 조른다고 무조건 선물을 줘서는 안 된다. 부모는 "이 선물이 아이에게 유익한가?"를 따져 봐야 한다.

그렇지 않다는 생각이 든다면 부모는 그 선물을 자녀에게 주어서는 안 된다. 예를 들어 보자. 이제 부유한 부모가 16세의 자녀에게 차를 주는 건 미국 중산층에서 흔한 관행이 되어 버렸다. 이 문제를 생각해 보자. 십대 자녀에게 차를 사주는 일이 항상 나쁘다는 말은 아니다. 내가 하고 싶은 말은 부모가 "차를 선물하는 것이 십대 자녀에게 유익한가?"를 생각해야 한다는 것이다.

이 질문을 생각할 때 두 가지 요소를 따져 보라. 첫째, 십대 자녀가 얼마나 성숙하고 책임감이 있는가? 나이는 열여섯이지만 차를 소유할 준비가 되지 않은 십대들이 있다. 차를 줄 만큼 다른 영역에서 충분한 책임감을 발휘하지 못하는 아이들도 있다.

둘째, 싱글 부모의 재정 능력이다. 십대 자녀에게 차같이 비싼 선물을 주기 위하여 부모가 재정적으로 무리하는 것은 궁극적으로 십대에게 좋지 않다.

지금까지는 싱글 부모를 대상으로 말했는데, 양육권을 맡지 않은 부모, 특히 아버지에게 할 말이 있다. 십대 자녀에게 절대 필요하지 않은 선물이 하나 있다. 그것은 '모조 선물'이다. 즉, 참된 사랑 대신 주는 선물을 말한다. 바쁜 생활에 매여 인정하는 말, 함께하는 시간, 봉사, 스킨십 같은 사랑의 언어를 구사할 시간은커녕 자녀의 얼굴을 볼 시간도 없이 바쁜 부모들이 자녀에게 그런 선물을 준다. 십대 자녀에게 선물, 때로는 비싼 선물을 줌으로써 부족한 부분을 보상하려 드는 것이다.

한 싱글 맘은 이렇게 말했다. "열여섯 살의 딸아이가 아빠를 만나고 돌아올 때마다 가방 한가득 선물을 갖고 와요. 전남편은 딸아이의 의료비와 치과 치료비를 대줄 의향은 없으면서도 선물은 늘 사 보낸답니다. 딸아이에게 거의 전화도 하지 않아요. 여름철에 2주 동안 함께 시간을 보내는 게 전부예요. 선물만 안겨 주면 모든 게 무마된다고 생각하는 것 같아요."

양육권을 갖지 않은 부모가 자녀에게 이런 식으로 선물하는 것은 흔한 일이 되었다. 십대 자녀는 선물을 받고 나서 고맙다고 말하지만, 가슴 속 사랑의 탱크는 텅 빈 채로 돌아간다. 선물이 진정한 사랑의 대용물로 주어질 때, 십대는 그것이 얄팍한 모조품이라는 것을 꿰뚫어 본다.

선물을 상대방의 주된 사랑의 언어로 인식하기

선물을 받으면 깊은 사랑을 느끼는 사람들이 있다. 선물은 그들의 주된 사랑의 언어다. 로브와 9개월 동안 연애한 미스티는 상처받을 것을 각오하고 이렇게 말했다. "내게는 생일이나 특별한 날들이 아주 중요해요. 아빠가 내 열여섯 번째 생일을 잊어버리셔서 이틀 동안 울었던 적이 있어요. 아빠가 엄마를 사랑하지 않으신다는 건 알고 있었어요. 그래서 엄마 곁을 떠나셨던 거죠. 하지만 내 생일에 아빠가 나 역시 사랑하지 않으신다는 걸 알았어요."

로브가 미스티의 말을 경청했다면, 그녀의 주된 사랑의 언어가 선물이라는 사실을 알았을 것이다. 그래서 그녀에게 사랑을 느끼게 해 주고 싶으면 생일이나 다른 특별한 날을 챙기는 것은 물론 8월의 무더운 날이나 1월의 추운 어느 날 오후 등 때를 막론하고 특별한 이유가 없어도 그저 사랑을 전하기 위해 선물할 것이다.

산행을 하다가 돌멩이를 하나 주워 열 살 난 아들에게 주었던 어떤 아버지는 스물세 살이 된 아들의 옷장에서 그 돌을 발견했다. 그 아들의 주된 사랑의 언어가 선물 받는 것임을 알 수 있다. 아버지의 선물은 아들에게 "아버지가 날 생각하고 있다."라고 말해 주었던 것이다. 아들은 그 돌을 볼 때마다 아버지를 생각하고 아버지의 사랑을 느낀다.

선물은 비싼 것일 필요가 없다. "중요한 것은 마음"이기 때문이다. 그러나 명심할 것이 있다. 머릿속에서 맴돌기만 하는 마음은 의미가 없다. 그 마음에서 우러나온 선물이 사랑을 전해 준다.

브리짓의 곰 인형

크리스는 브리짓과 6개월 정도 사귄 시점에서 나를 찾아왔다. 그는 나를 찾은 목적을 단도직입적으로 밝혔다.

"브리짓과 저는 사귄 지 6개월 정도 됩니다. 우리 두 사람은 잘 지내고 있습니다. 저는 그녀를 정말 좋아하지만 한 가지가 걸립니다. 브리짓의 침실에는 곰 인형이 적어도 50개는 있습니다. 그중 절반은 침대 위에 있지요. 곰 인형들과 함께 자는 거예요. 여섯 살배기라면 충분히 이해할 만한 행동이지만 그녀는 이제 스물여섯입니다. 그 곰 인형들 대부분에 이름까지 붙였어요. 자식이라도 되는 것처럼 말입니다.

저에게는 그것이 정말 이상하게 보입니다. 혹시 우리가 결혼한다면 그것이 문제가 되진 않을지 모르겠습니다. 곰 인형을 안고 자고 싶은 마음은 없거든요. 혹시 제가 뭘 놓치고 있는 건지, 아니면 그것이 스물여섯 살 난 처녀의 정상적인 행동인지 알고 싶습니다."

크리스는 미소를 짓고 있었다. 그래서 나도 미소를 지으며 우선 가볍게 말을 꺼냈다. "정상적이라는 말이 스물여섯 살 난 모든 처녀의 침실에 곰 인형이 가득하냐는 뜻이라면 그렇지 않습니다. 개와 같이 자는 사람도 있고 침실에 게르빌루스쥐를 기르는 사람들도 있습니다. 뱀을 기르는 여성도 알고 있어요. 물론 우리에 넣어 기르지만 침실에 뱀이 있는 건 분명합니다."

크리스가 말을 끊었다. "그 아가씨와 데이트할 생각은 없는걸요." 우리는 함께 웃었다. 그다음 나는 좀 더 심각한 주제로 넘어갔다.

"크리스, 중요한 건 처녀가 침실에 두는 물건이 아닙니다. 그 물건이 그녀에게 어떤 의미가 있는지가 중요하지요." 크리스는 의아한 눈빛으로 이렇게 물었다. "그럼 그건 제 생각보다 훨씬 심각한 문제이군요."

"꼭 그런 건 아닙니다. 몇 가지 여쭤 보겠습니다. 브리짓이 대부분의 곰 인형들에게 이름을 지어 줬다고 했습니다. 그 곰 인형들이 어디서 난 것들인 줄 아세요?"

"대부분은 선물로 받은 것들입니다. 브리짓은 곰 인형 하나하나를 언제 누구에게서 받았는지 기억하고 있어요. 부모님은 어릴 때부터 생일 때마다 곰 인형을 준 것 같습니다. 그러니까 절반 정도는 부모님께 받은 것이지요. 나머지 중 일부는 친척들이 준 것이고 몇 개는 동생이 준 것입니다. 옛날 남자 친구들에게서 받은 곰 인형도 두 개나 있습니다. 솔직히 그게 상당히 신경 쓰입니다."

나는 크리스의 말을 듣고 알겠다는 뜻으로 고개를 끄덕였다. 그 두 마리 곰 인형이 매우 거슬리는 게 분명했다. "무슨 상황인지 알 것 같습니다. 하지만 듣고 싶어하실지 모르겠군요."

"나쁜 내용입니까?"

"아닙니다, 사실 좋은 내용입니다."

"그럼 말씀해 주십시오." 크리스는 경청하고 있었다. 그래서 나는 말을 이었다.

"브리짓의 주된 사랑의 언어가 선물인 듯합니다. 선물은 그녀에게 깊은 의미가 있습니다."

"사랑의 언어라는 게 뭡니까?" 크리스가 물었다.

나는 설명을 해나갔다. "5가지 기본적인 사랑의 언어가 있는데 이것은 사랑을 표현하는 5가지 방법입니다. 사람마다 주된 사랑의 언어가 다른데 각자의 주된 사랑의 언어가 사랑을 가장 분명히 느끼게 합니다. 사랑의 언어 간에 우열은 없습니다. 그러나 상대방이 진정으로 사랑받는다고 느끼게 하려면 상대방의 주된 사랑의 언어로 말해야 합니다." 나는 간략한 설명을 곁들여 5가지 사랑의 언어를 훑은 다음 크리스에게 물었다.

"당신의 주된 사랑의 언어는 무엇입니까? 무엇을 통해 가장 분명하게 사랑을 느낍니까?"

"인정하는 말입니다. 그게 브리짓을 좋아하는 이유이기도 합니다. 그녀는 언제나 저를 인정해 주는 말을 하거든요."

"그럴 수 있습니다. 그리고 제 생각에 브리짓의 주된 사랑의 언어는 선물입니다. 그녀가 곰 인형 하나하나를 누구에게서 받았는지 기억하는 것도 그 때문입니다. 곰 인형 전부에 이름을 붙인 것도 그 때문이죠. 곰 인형들을 침실에 두는 것도 같은 이유에서입니다. 모든 곰이 '사랑해.'라고 말하는 거죠."

"그렇군요. 하지만 옛날 남자 친구들에게서 받은 두 마리 곰 인형, 그건 버려야 하지 않겠습니까? 제가 사귀는 아가씨에게 매일 밤 두 남자가 '사랑해.'라고 말하는 건 바라지 않거든요."

나는 웃었지만 크리스가 진지하다는 걸 알 수 있었다.

"맞습니다. 브리짓과 장래를 기약하는 사이가 되면 그 두 마리 곰 인형은 다른 집을 찾아야 할 겁니다. 하지만 브리짓과 계속 사귈 마음이 있다면 우선 곰 인형과 사랑에 빠질 필요가 있습니다. 이제 1주년 기념일이나 그녀의 생일에 무슨 선물을 해야 할지 알겠군요.

브리짓에게 곰 인형을 버리라고 하는 건 어머니, 아버지, 이모, 삼촌, 동생의 사랑을 내버리라는 말과 같습니다. 그건 당신에게 부모님이나 소중한 사람들을 깔보라고 하는 것과 같을 겁니다. 그건 부당한 요구입니다. 사실 당신도 부모와 친지들의 사랑을 외면하는 아가씨와 결혼하고 싶진 않을 겁니다."

크리스는 이해했다는 듯 고개를 끄덕였다. 나는 말을 이었다.

"크리스, 그러니까 브리짓이 곰 인형에게 애착을 갖는 게 아닙니다. 그녀가 아끼는 건 곰 인형이 상징하는 사랑입니다. 그녀의 부모님은 매년 토끼 인형이나 개구리 인형을 줄 수도 있었을 겁니다."

"이런, 부모님이 뱀을 주시지 않은 게 다행이군요."

"곰 인형이 훨씬 무난하지요."

크리스가 미소를 지으며 말했다. "네, 벌써 곰 인형이 좋아지기 시작하는군요."

"자, 제 말을 기념일마다 곰 인형을 사주라는 뜻으로 이해하시면 안 됩니다. 당신의 곰 인형은 한 마리로 충분할 겁니다. 그다음에는 다른 선물들을 줄 수 있을 겁니다. 제 말의 요지는 브리짓에게는 선물이 아주 중요하다는 겁니다. 그것은 그녀의 주된 사랑의 언어입니다. 선물은 그녀에게 '그가 날 생각하고 있었어. 그는 날 사랑해.'라는 의미입니다.

나는 그에게 선물이 비쌀 필요는 없으며, 장미 한 송이나 그녀가 좋아하는 사탕이라도 의미 있는 선물이 될 수 있다고 말했다.

크리스가 말했다. "저는 선물을 주는 데 재주가 없습니다. 사실 선물은 제게 그다지 중요하지 않습니다."

"그럼 이 사랑의 언어를 배우는 데 시간과 노력을 들여야 할 겁니다. 하지만 브리짓과의 관계가 잘되기를 바란다면 꼭 필요한 일입니다. 우리는 모두 사랑받는다고 느낄 때 활력을 얻고 그렇지 못하다고 느낄 때 움츠러듭니다. 브리짓이 매사에 긍정적이고 활달한 이유는 소중한 사람들의 사랑을 충분히 느꼈기 때문입니다. 당신도 그것이 줄어들길 바라지는 않을 겁니다. 더 사랑해 주길 바라겠지요."

나는 크리스와 나눈 대화의 초반부에서 싱글의 5가지 사랑의 언어에 대한 책을 쓰고 있다고 말했다. 크리스는 상담실을 떠나면서 이렇게 말했다. "아, 그건 그렇고, 그 책이 나오면 제일 먼저 사고 싶습니다."

"꼭 하나 드리지요. 하지만 책이 나올 때까지 기다리지 말고 곰 인형 사랑하기를 시작하세요."

"그럼요. 저만큼 곰 인형을 사랑하는 사람은 못 보실 겁니다." 그는 그렇게 말하고 미소를 지으며 상담실을 나갔다.

두 달 후 나는 독립기념일에 브리짓을 만났다. 크리스는 내게 그녀를 소개해 주었고 그녀는 이렇게 말했다. "크리스와 상담해 주셔서 감사해요. 그이가 박사님께 들은 말씀을 전해 줬는데 정말 맞는 말씀 같았어요. 그걸 그렇게 생각해 본 적이 없었거든요. 제 주된 사랑의 언어가 선물인지 모르고 있었어요. 하지만 생각해 보니 정말 사실이

더군요." 그녀는 한 손을 들어 올리며 말했다. "이건 크리스가 지난주에 준 우정의 반지예요."

내가 말했다. "와, 크리스는 빨리 배우는군요."

크리스가 말했다. "제가 얼마나 빠른지는 잘 모르겠어요. 하지만 제가 브리짓을 사랑하고 그녀에게 사랑을 느끼게 해주고 싶다는 건 분명히 압니다."

불꽃놀이

"브리짓은 당신의 사랑의 언어로 말하고 있나요?" 내가 물었다.

"물론입니다. 브리짓은 언제나 제게 인정하는 말을 해줍니다." 크리스가 말했다.

"제가 운이 좋았어요. 인정하는 말을 하는 게 제게는 쉽거든요. 저는 사람들이 좋아요. 자라면서 그걸 배운 것 같아요. 부모님은 늘 저를 인정해 주셨거든요."

내가 브리짓에게 말했다. "인정하는 말이 당신의 제2의 사랑의 언어인지도 모릅니다. 당신도 인정하는 말을 듣기 좋아하나요?"

"그럼요. 그리고 크리스는 제게 인정하는 말을 잘 해줘요."

"두 분은 오랫동안 만족스러운 관계를 이어 갈 수 있겠군요." 그 순간 폭죽이 하늘을 수놓기 시작했다.

돌아서서 가던 크리스는 고개를 돌리고 두 손가락으로 V자를 그리며 말했다. "참, 두 마리 곰이 사라졌어요!" 나는 미소를 지으며 고개를 끄덕였다.

크리스의 말을 들은 브리짓은 걸음을 멈추더니 몸을 돌리고 이렇게 말했다. "그 인형들은 구세군에 기부했어요. 누군가 그 곰 인형들을 받고 사랑을 느꼈으면 좋겠어요." 나는 그녀를 향해 엄지손가락을 치켜들었다.

크리스와 브리짓은 사랑의 언어를 이해하지 못하는 연인 사이에 어떤 갈등이 생기는지 잘 보여 준다. 크리스는 스물여섯 살 된 처녀의 침실에 곰 인형이 가득하다는 사실이 이상했다. 그것은 비정상적으로 보였다. 그러나 선물이 5가지 주된 사랑의 언어 중 하나이고 브리짓의 곰 인형이 소중한 사람들이 그녀에게 준 선물이란 걸 알았을 때 그는 상황을 이해할 수 있었다.

내 말은 사랑하는 사람의 주된 사랑의 언어로만 말해야 한다는 뜻이 아니다. 그렇게 이해해서는 안 된다. 사랑은 5가지 언어 모두로 표현할 수 있고 또 받을 수 있다. 그러나 상대방의 주된 사랑의 언어로 말하지 않으면 나머지 4가지가 다 있어도 상대는 사랑받고 있음을 느끼지 못한다.

당신이 상대방의 주된 사랑의 언어로 유창하게 말할 때 나머지 사랑의 언어들도 제 기능을 수행하게 될 것이며, 그렇게 되면 금상첨화일 것이다.

이제 제3의 사랑의 언어를 살펴보자.

생각할 질문   QUESTIONS TO PONDER

1. 부모님은 서로에게, 또 당신에게 선물이라는 사랑의 언어로 얼마나 자주 말씀하셨는가?

2. 당신은 사랑하고 아끼는 이들에게 얼마나 자주 선물을 하는가?

3. 당신이 마지막으로 준 선물은 무엇이었고 누구에게 준 것이었는가?

4. 당신은 선물이라는 사랑의 언어를 구사하는 것이 어려운가, 아니면 자연스럽게 흘러나오는가? 왜 그런가?

5. 다른 사람들과 대화를 나눌 때 그 사람이 원하는 선물이 뭔지 힌트를 얻기 위해 귀를 기울이는가? 공책에 선물 목록을 적는 것이 당신에게 도움이 되는가?

6. 당신이 선물 받는 것을 좋아한다면, 가장 선물을 받고 싶은 사람은 누구인가? 이번 주에 그 사람에게 먼저 선물을 해보는 건 어떻겠는가?

05

사랑의 언어 #3
봉사

THE FIVE LOVE
LANGUAGES
FOR SINGLES

셰리는 남편이 네 살배기 딸을 두고 떠난 후 직업 전선에 뛰어들었다. 그녀의 컴퓨터 실력은 기대만큼 뛰어나지 않았고 지금도 여전히 그렇지만 조금씩 나아지고 있다. 그녀는 가정주부에서 혼자 아이를 키우는 직장 여성으로 전환하는 과정에서 동료의 도움에 힘입은 바 크다.

셰리가 말했다. "게이는 정말 친절해요. 컴퓨터 때문에 문제가 생길 때마다 언제나 저를 도와주거든요. 제가 잘 배우지 못할 때도 너무 잘 참아 줘요. 그녀는 정말 최고예요! 그녀 없이 어떻게 해나갈지 모르겠어요."

셰리는 게이를 아주 높이 평가하고 있다. 직장 동료 게이가 셰리의 주된 사랑의 언어, 봉사로 말하고 있기 때문이다.

역사를 통틀어 가장 위대한 과학자 중 한 사람인 알베르트 아인슈타인은 1905년, 스물여섯 살 때 발표한 상대성 이론으로 널리 알려졌다. 그 외에도 그는 과학에 중요한 기여를 많이 했다. 그러나 아인슈타인은 말년에 벽에서 두 과학자 맥스웰과 뉴턴의 초상화를 떼어 내고 대신 슈바이처와 간디의 초상화를 걸었다고 한다. 동료들이 그 이유를 묻자 그는 이렇게 말했다. "봉사의 상징이 과학의 상징들을 대체할 때가 되었네."[1]

아인슈타인은 사랑이 과학보다 더욱 강력함을 깨닫게 된 듯하다. 봉사는 근본적인 사랑의 언어 중 하나다. 기독교 신앙의 본질에 대한 가장 분명한 그림 중 하나는 그 설립자인 예수님이 제자들의 발을 씻기시는 모습이다. 사람들이 샌들을 신고 더러운 거리를 다니던 당시 문화에서는 집에 손님이 오면 하인이 손님의 발을 씻기는 것이 관례였다. 제자들에게 서로 사랑하라고 가르치신 예수님은 대야와 수건을 가져다 그들의 발을 씻기심으로 사랑의 본을 보여 주셨다. 그 간단한 사랑의 표현을 보여 주신 후 예수님은 제자들에게 자신을 본받으라고 말씀하셨다(요 13:3-7 참조).

그 전에 예수님은 그분의 나라에서는 크고자 하는 자가 종이 되어야 한다고 말씀하셨다. 대부분의 사회에서 크고자 하는 자는 작은 사람들 위에 군림하지만, 예수님은 반대로 크고자 하는 자는 남을 섬겨야 한다고 말씀하셨다. 사도 바울은 그 철학을 한마디로 표현했다. "사랑으로 서로 종노릇하라"(갈 5:13).

오늘날 같은 "나 중심 세대"에서 섬김의 개념은 시대착오적으로 보일 수 있지만, 다른 사람들을 섬기는 삶은 언제나 본받을 가치가 있는 삶으로 여겨져 왔다. 모든 직업군에서 정말 뛰어난 사람들은 다른 사람들을 섬기길 진정으로 원하는 이들이다. 가장 저명한 의사들은 자신의 직업을 병들고 아픈 사람들을 위한 소명으로 여긴다. 진정 뛰어난 정치 지도자들은 자신을 "공복"(公僕)으로 여긴다. 가장 위대한 교육자들은 학생 한 사람 한 사람을 소중히 여기고 그들이 재능과 관심사를 개발하여 잠재력을 발휘하는 모습을 보는 것을 가장 큰 보상으로 여긴다. 다른 사람에 대한 봉사는 인간이 도달할 수 있는 최고봉이다.

봉사와 고역

우선 봉사와 고역의 차이점을 분명히 짚어 보자. 고역은 역기능 가정의 핵심적 특징이다. 마지못해 억지로 다른 사람들을 섬길 때 진정한 봉사의 자유는 사라진다. 고역은 마음을 완고하게 만든다. 고역은 분노, 앙심, 적개심을 불러일으킨다.

한 이혼자가 겪고 있는 고통에 귀 기울여 보자. "저는 20년 동안 그를 섬겼어요. 정성껏 그의 시중을 들었지요. 저는 그 사람의 도어 매트가 되어 친구와 가족들 앞에서 무시와 학대와 모욕을 당했어요. 저는 그를 미워하지 않아요. 그가 잘못되기를 바라지도 않아요. 하지만 이제 그에게 화가 나요. 더 이상 그와 함께 살고 싶지 않아요."

그녀는 남편을 위해 20년 동안 봉사했지만 그것은 사랑의 표현이 아니었다. 두려움, 죄책감, 적개심에서 나온 행동이었다.

도어 매트는 물건이다. 발을 닦을 수도 있고, 밟을 수도 있고, 이리 저리 차거나 원하는 대로 처리할 수 있다. 그것은 의지가 없다. 당신의 종이 될 수 있을 뿐 연인이 될 수는 없다. 다른 사람을 물건 취급하는 것은 사랑의 가능성을 막아 버리는 일이다. 죄책감을 이용한 조종("나를 사랑한다면 날 위해 이걸 해줄 거야.")은 사랑의 언어가 아니다. 두려움을 이용한 강요("이걸 안 해주면 후회하게 될 거야.")도 사랑과 전혀 다르다.

누구도 도어 매트가 되어서는 안 된다. 우리는 감정과 생각, 욕구를 가진 피조물이다. 우리는 결정을 내리고 그것을 행동에 옮길 능력이 있다. 이용당하거나 다른 사람의 조종의 대상이 되는 것은 사랑의 행위가 아니다. 사실 그것은 반역 행위다. 당신은 당신을 조종하는 사람이 비인간적 습관을 기르도록 내버려 두고 있는 것이다.

사랑은 이렇게 말한다. "나는 당신을 너무 사랑하기 때문에 당신이 나를 이렇게 취급하도록 내버려 둘 수 없어요. 당신에게도 내게도 유익하지 않거든요." 사랑은 조종되는 것을 거부한다.

한편 참된 사랑은 봉사를 통해 표현되는 경우가 많다. 두려움 때문에 억지로 하는 봉사가 아니라 자발적으로 선택하고 기꺼이 내어 주는 봉사 말이다. 그것은 "주는 것이 받는 것보다 복이 있다"(행 20:35)는 것을 깨닫는 데서 시작된다. 우리 모두에게는 특정한 능력과 기술이 있고, 그것을 사용해 사랑을 표현할 수 있다. 게이가 컴퓨터 기술을 사용해 셰리에게 사랑을 전했던 것이 좋은 예가 될 수 있다.

많은 봉사 행위

꼭 대단한 전문 기술이 있어야만 봉사가 가능한 것은 아니다. 오래전 아내와 나는 최근에 근처로 이사 와 우리 교회를 다니고 있던 젊은 싱글들을 위해 금요일 저녁마다 집을 개방했다. 꼭 짜인 모임은 아니었고 싱글들이 질문도 하고 사람들도 만나고 관계를 발전시킬 수 있는 시간이었다. 어느 저녁 모임 후, 한 젊은이가 뒤에 남아서 이렇게 말했다. "이 모임은 제게 너무나 뜻깊고 많은 도움이 됩니다. 집을 개방해 주신 데 대해 박사님 부부께 감사의 마음을 전하고 싶습니다. 이번 주 중에 하루 시간을 내어 저녁에 오븐을 청소해 드리면 어떨까 하는데 괜찮으신지요?" (우리 집 오븐 "대청소"의 날이 다가오던 참이었다.)

캐롤린과 나는 오븐을 "때 빼고 광내는" 일을 해본 적이 있었다. 아내는 그 일을 정말 싫어했고 솔직히 나도 썩 달갑지는 않았다. 그래서 나는 주저 없이 말했다. "그거 좋지요." 그 주 후반에 그는 오븐을 닦으러 왔고 우리 부부가 아이들과 함께 신나는 저녁 시간을 보내고 돌아와 보니 반짝반짝 빛나는 깨끗한 오븐이 기다리고 있었다.

벌써 30년도 더 지난 일이다. 그 젊은이는 다른 동네로 이사 간 지 오래되었지만, 우리 부부는 그의 이름과 그가 베푼 친절을 잊지 않고 있다.

인생에는 봉사로 사랑을 표현할 기회가 가득하다. 당신은 직장 동료와 함께 주차장에 갔다가 그녀의 차 왼쪽 앞바퀴가 펑크 난 걸 볼 수 있다. 치과나 교회에 갈 때 차를 태워 드리면 좋을 어르신이 있을 수 있다. 저녁에 데이트가 약속되어 있으면 먼저 전화를 걸어서 빵이나 우유가 필요하지 않은지 물어볼 수 있다. 가는 길에 사 가면 되니 말이다. (당신이 자기 돈으로 산다면 선물이자 봉사가 될 것이다.) 노모를 식료품 가게까지 태워 드리는 것도 좋은 봉사다.

이 사랑의 언어를 쉽게 구사하는 싱글들이 있다. 그들은 "말보다 행동이 훨씬 중요하다"는 가르침을 받으며 자랐다. 그들은 가족을 위해 봉사할 때마다 칭찬을 받았고, 가족 모두가 노인들을 위한 봉사 활동을 하기도 했다. 그들은 사랑이 섬기는 것임을 깊이 인식하고 있고 주위에 널린 봉사의 기회에 민감하게 반응한다.

봉사로 사랑을 말하기 어려워하는 사람들

그런가 하면 이 사랑의 언어로 말하는 것을 더없이 어려워하는 싱글들이 있다. 그들은 각자가 자기 일을 알아서 하도록 배웠다. 어릴 때부터 "누가 널 돌봐 줄 거라고 생각하지 마라."라는 메시지를 들으며 자랐기 때문에 결과적으로 그들의 생활의 초점은 자기 필요를 스스로 채우는 것이 되었다. 그들은 다른 사람들도 마찬가지일 거라고 추측한다. '다른 사람들이 스스로 할 수 있는 일을 왜 해줘야 해?'라는 식으로 생각하는 것이다. "물론 어려움에 처한 할머니라면 도울 겁니다." 말은 그렇게 하지만 실제로 그렇게 하는 경우는 드물다.

이런 사고방식을 가진 사람과 방을 함께 쓰거나 같이 일하게 된다면 친절을 베풀 때도 미리 물어보는 게 낫다. 자신이 없는 사이 당신이 그녀의 욕실을 청소한다면 '내가 청소도 제대로 안 한다고 생각하는구나.'라고 여기며 그것을 모욕으로 받아들일지도 모르기 때문이다. 당신의 사랑의 행위가 그녀에게는 모욕이 될 수 있다.

그러니 봉사의 행위를 하기 전에 먼저 물어보라. "내가……하면 네게 도움이 될까?" 당신의 목적은 사랑을 표현함으로써 그들의 삶을 돕는 것이다. 상대방이 싫어할 행동을 할 마음은 없다. 상대방이 "아니, 내가 할래."라고 말한다 해도 그것을 당신에 대한 거절로 받아들이지 말라. 그녀는 단지 그것이 그 순간 그녀가 받고 싶은 사랑의 언어가 아니라고 말한 것뿐이다.

그러나 봉사의 행위들이 자연스럽게 우러나지 않는다고 해도 여전히 봉사는 배울 만한 가치가 있는 사랑의 언어다. 그것은 다른 사람들의 행복이 자신의 책임이라는 인식을 갖고 있다. 알베르트 슈바이처는 거듭해서 이렇게 말했다. "세상에 굶주리고, 병들고, 외롭고, 두려움에 떠는 사람이 있는 한 그는 내 책임이다."[2] 다른 사람들을 돕는 것은 보편적 사랑의 표현이다.

마사의 남자 "프라이데이"

마사는 클리블랜드에서 열린 내 결혼 세미나에 참석했던 몇몇 싱글 중 한 명이었다. 그녀는 이렇게 말했다.

"결혼에 대해 더 알고 싶어요. 그래야 결혼하면 어떻게 해야 하는지 알 수 있을 거 아니에요."

이런 태도로 결혼을 대하는 싱글이 더 많아졌으면 좋겠다. 점심을 먹은 후 그녀가 내게 얘기를 나눌 수 있는지 물었다.

"박사님 시간을 많이 빼앗을 생각은 없어요. 하지만 제게 문제가 있어서요." 나는 고개를 끄덕였고 그녀는 말을 이었다.

"저는 지금 세상에서 가장 멋진 사람과 6개월 정도 사귀고 있어요. 하지만 그 사람에게 로맨틱한 감정이 들지 않아요. 정말 좋은 사람이라서 그런 감정이 들었으면 좋겠는데 말이에요."

"무엇 때문에 그 사람이 정말 좋은 사람이라고 생각하시는 건가요?"

"그렇게 친절한 사람은 처음 만났거든요. 저를 위해 그렇게 많은 일을 해주는 사람은 없었어요."

"그 사람이 뭘 해주는데요?"

"음, 어느 저녁 교회에 있을 때였어요. 청년부 모임에 참석했었거든요. 그런데 모임을 마치고 교회를 나서려고 보니까 비가 억수같이 쏟아지는 거예요. 그가 커다란 우산을 들고 오더니 차까지 우산을 씌워주겠다고 하더군요. 전에 본 적이 없는 사람이었지만 교회에 나온 지 3주째라고 하더군요. 물론 저는 그 제의를 받아들였어요. 그는 저를 차까지 데려다주고는 작별 인사를 했어요. 저는 고맙다고 했지요. 그는 문을 닫고 자기 차로 갔어요. 저는 고마웠지만 그게 전부였어요.

그 사람 생각은 잊고 지냈는데 2주 후 청년부 모임에서 그가 눈에 띄었어요. 모임이 끝난 후 그가 제게 밀크셰이크 한잔 하겠느냐고 묻더군요. 밀크셰이크라, 괜찮겠다 싶어서 그러자고 했지요. 그래서 우리는 도로를 건너 아이스크림 가게에 갔어요. 그는 아직 미혼이었고 인근 회사에서 전기 기사로 일하고 있었어요. 동부에서 클리블랜드로 전근을 와서 2년째 살고 있다고 했지요. 그와 얘기하는 건 즐거웠어요. 그런데 가게를 나서려고 보니 또 비가 오는 거예요. 그는 자기가 차를 가져와서 내 차까지 태워다 줄 테니 기다리라고 했어요. 저는 머리가 젖는 게 싫어서 그러겠다고 했고요.

그는 뛰어가더니 차를 타고 금세 돌아와서는 문 앞에서 기다리던 저에게 우산을 씌워서 자기 차에 태워 주었어요. 그리고 제 차가 있는 곳까지 데려다주었지요. 그는 흠뻑 젖고 말았어요. 집으로 차를 몰고 오는데 정말 좋은 사람이라는 생각이 들었어요. 하지만 그 사람과 데이트할 생각은 전혀 들지 않았어요.

대략 3주 정도 지났을 때 청년부 모임에서 그를 다시 만났어요. 그날 오후에는 컴퓨터 때문에 문제가 있었어요. 그 얘기를 했더니 자기가 금세 고칠 수 있을 거라고 하더군요. 저만 괜찮다면 모임이 끝나고 우리 집에 와서 고쳐 주겠다고 했어요. 그래서 그러라고 했지요. 그는 문제가 뭔지 금세 알아냈어요. 그리고 어떤 부품이 필요하다며 자기 집으로 갔다가 45분 정도 후에 돌아와서 5분 만에 제 컴퓨터를 고쳐 주었어요.

저는 그에게 콜라를 대접했고 우리는 몇 분 동안 컴퓨터에 대해 잡담을 나누었어요. 저는 그에게 정말 고맙다고 말했고 수리비를 내겠다고 했어요. 하지만 그는 거절하더니 저를 도울 수 있어서 기쁘다고 했어요."

『로빈슨 크루소』에 나오는 하인 프라이데이처럼 그 사람은 언제나 도울 준비가 되어 있는 듯했다. 나중에 청년부 모임에서 그는 마사에게 도움이 될 만한 컴퓨터 프로그램이 있다고 말했다.

"괜찮으시다면 프로그램을 깔아 드리고 싶어요."

프로그램에 대한 설명을 들은 마사는 프로그램을 설치하기 위해 그를 집으로 초대했다.

마사가 설명했다. "그가 프로그램의 기능을 설명했는데 참으로 유용할 것 같았어요. 그래서 고맙다고 말하며 비용을 내겠다고 했지요. 그는 아무것도 받지 않겠다며 저를 도울 수 있어서 기쁘다고 말했어요."

"간단히 말해서……." 그녀가 이렇게 운을 뗐다. (나는 그 말이 무척 반가웠다.) "그 후로 우리는 한 주에 한 번씩 밖에 나가 식사를 같이하기 시작했어요. 그리고 그가 우리 집에 찾아와서 여러 가지 수리 작업을 도와주기 시작했지요. 잘 안 닫히던 화장실 문을 다듬어 잘 닫히게 해주었고, 정문에다 보조 자물쇠도 달아 주었어요. 유리창 두 곳도 잘 여닫히게 손봐 주고요. 난로의 필터 교체법도 가르쳐 주었어요. 자동 응답기를 사다 전화기에 달아 주었고, 고장 난 토스터를 고쳐 주기도 했지요.

이 사람은 정말 대단해요! 저는 그가 영원히 저와 함께 있었으면 좋겠어요. 하지만 로맨틱한 감정은 들지 않고 육체적으로도 끌리지 않아요. 그와 결혼할 생각은 없지만 그를 정말 곁에 두고 싶어요."

"그 사람은 당신에게 마음이 있는 것 같습니까?" 내가 물었다.

"모르겠어요. 그 문제를 가지고 얘기해 본 적이 없거든요. 그는 아직 제게 키스하려고 한 적도 없고, 제 어깨에 손을 얹지도 않고, 손을 잡지도 않아요. 그냥 아주 좋은 친구 사이 같아요. 하지만 저는 다른 사람들과 데이트하고 싶어요. 특정한 사람이 있는 건 아니고 그저 누군가와 사귀고 싶어요. 누군가와 정말 연애하고 싶은데 이 사람과 만나는 동안에 그래도 되는지 알 수가 없어요. 그에게 상처를 주고 싶지는 않아요. 그동안 제게 정말 잘해 줬거든요. 어떻게 해야 할지 모르겠어요."

마사의 아버지

마사는 솔로몬의 지혜를 구하고 있는 것 같았다. 나는 솔로몬이 아니었으므로 계속 질문을 해나갔다. "잠시 대화의 주제를 바꿔 보겠습니다. 괜찮겠습니까?" 그녀는 고개를 끄덕였고 나는 말을 이었다. "당신이 어릴 때 아버님이 집에서 기술자 노릇을 하셨나요?"

"그래요. 아버지는 페인트칠과 수리를 직접 다 하셨어요. 뭐가 잘못되면 아버지가 다 고치셨지요. 아니, 동네 물건 수리를 다 해주셨어요. 십대 후반이 되어 제가 첫 번째 차를 얻었을 때 매주 뭔가 고장이 나는 것 같았어요. 하지만 아버지가 언제나 그걸 고쳐 주셨어요. 대학 기숙사 방의 전기 시스템에 문제가 생겼을 때, 기술자들을 불러다 문제를 해결하려 했는데 도통 오질 않는 거예요. 결국, 아버지가 오셔서 고치셨어요."

"아버지와의 관계는 어땠습니까?" 내가 물었다. "아, 아버지와 저는 아주 가까웠어요. 저를 정말 사랑하시죠. 그런 아버지를 둔 저는 정말 행운이에요."

"아버지가 당신을 사랑하신다는 것을 어떻게 아십니까?" 내가 물었다.

"글쎄요, 방금 말했다시피 아버지는 저를 위해 온갖 일들을 하셨어요. 그러니까 아버지는 제가 필요할 때마다 제 곁에 계셨지요."

"아버지와 지금 데이트 상대가 비슷한 점이 있지 않나요?" 내가 물었다.

마사는 잠시 생각하더니 이렇게 말했다. "네, 그렇게 말씀하시니까 보이는군요. 실제로 마크는 예전에 아버지가 하시던 일을 다 하고 있어요. 그는 아버지처럼 좋은 사람이에요. 하지만 저는 아버지와 결혼하고 싶지는 않아요." 그녀는 미소 지으며 눈물을 닦았다.

"상황을 설명할 수 있을 것 같군요. 점심 전에 있었던 5가지 사랑의 언어에 대한 강연이 기억나십니까?"

"네, 아주 통찰력 있는 내용이었어요."

"제가 볼 때 당신의 주된 사랑의 언어는 봉사입니다. 당신이 아버지의 사랑을 느낀 것은 아버지가 당신의 사랑의 언어로 말했기 때문입니다." 마사가 고개를 끄덕였다. "당신이 마크의 사랑을 느꼈던 것도 그가 당신의 주된 사랑의 언어를 구사했기 때문입니다."

"하지만 로맨틱한 감정은 어떻게 하죠?" 마사가 말을 끊었다.

"그 얘기도 하겠지만 우선은 당신이 왜 마크에게 친밀감을 느꼈는지, 왜 그의 우정을 소중하게 여기는지, 왜 그를 좋은 사람이라고 생각하는지를 아셨으면 합니다.

누군가 우리의 주된 사랑의 언어로 말할 때 우리는 그들에게 끌리게 됩니다. 우리는 그들을 긍정적으로 바라보며 좋아하게 됩니다. 우리는 그들을 돕기 원하고 그들의 사랑에 보답하고 싶어합니다. 당신이 마크와 데이트를 시작한 이유도 그것 때문일 가능성이 높습니다. 그의 친절한 행동에 감동한 나머지 당신도 그에게 친절을 베풀고 싶은 마음이 생긴 거지요. 그래서 그에게 연정을 느끼지 않았고 육체적으로 끌리지도 않았지만 그것이 자연스럽게 느껴졌던 겁니다. 이제 두 사람 사이에는 사랑과 친절함이 있는 우정이 형성되었고, 당신은 마크에게 상처를 주고 싶지 않지만 다른 사람과 연애를 하고 싶어해요. 그러니까 중간에 끼인 셈이지요."

마사를 위한 제안

"정말 그렇군요. 이제 어떻게 해야 할까요?"

"제가 어떻게 하라고 말할 수는 없지요. 하지만 어떻게 할지 결정하는 데 도움이 될 만한 제안을 할 수는 있습니다.

첫 번째, 자신에게 진실해야 합니다. 당신은 오늘 제게 진실을 말했어요. 자신에게도 진실을 말해야 합니다. 마크가 당신의 주된 사랑의 언어를 구사하고 있기 때문에 그와의 우정이 당신에게 의미심장하다는 게 진실입니다. 하지만 이것은 연인 관계가 아니고 결혼으로 이어질 법한 관계도 아닙니다. 결과적으로 당신이 다른 사람과 본격적으로 사귀게 된다면 이 우정은 분명 약화하거나 사라질 것입니다." 마사는 내 결론에 동의했다. 나는 계속 말을 이었다.

"이제 두 번째 제안은……." 문득 지금 마사의 심리 상태로는 내가 하는 말을 전혀 기억하지 못할지도 모른다는 생각이 들었다. 그래서 펜을 건네주며 이렇게 말했다. "제가 하는 말들을 적어 보시겠어요?" 그녀는 핸드백을 뒤져 종이를 찾으며 말했다. "아, 네."

"두 번째 제안은 마크의 생각을 알아보는 겁니다. 당신은 그가 당신과의 관계를 어떻게 생각하고 있는지, 그는 당신에게 연정을 느끼고 있는지 모르기 때문에 현명한 결정을 내릴 수 없는 거예요."

"하지만 그걸 어떻게 알 수 있나요?"

"제일 좋은 방법은 물어보는 겁니다."

"'제게 연정을 품고 계신가요?'라고 말인가요? 그렇게 말할 수는 없어요."

"그렇지요. 하지만 이건 어때요? '마크, 우리의 우정에 대해 생각해 봤는데 우리의 관계에 대한 서로의 입장을 확인해 봐야 할 것 같더라고요. 제가 우리 관계를 어떻게 보는지 먼저 말씀드릴 테니까 마크도 그렇게 해줬으면 해요. 지금 이런 대화를 나눠도 괜찮을까요?'

그가 동의하면 계속 이어 가면 됩니다. 이런 식으로 말할 수 있겠지요. '무엇보다 저는 우리의 우정을 정말 소중하게 생각해요. 계속될 수 있었으면 좋겠어요. 당신은 제게 너무나 친절하게 대해 주셨고 저는 당신과 함께 있는 시간이 즐거워요. 하지만 저는 우리가 연인 관계라고 생각하진 않아요.'"

"잠깐만요, 받아 적을 시간 좀 주세요." 그녀가 말했다. 나는 그녀가 받아 적을 수 있도록 말을 되풀이했다.

"'당신은 그 사실을 알 자격이 있어요. 정말 당신에게 상처를 주고 싶지 않지만 당신은 진실을 알 자격이 있어요. 이런 말 하는 게 어리석게 보일지 몰라도 저는 우리가 서로를 이해했으면 해요. 이해가 되나요?' 그다음 마크의 반응을 주의 깊게 들어 보세요. 대답이 분명하지 않다면 그의 입장을 분명히 이해할 수 있도록 질문을 하세요.

그가 당신처럼 두 사람의 관계를 그저 친구 사이로 여긴다면, 당신은 우정을 지속하면서 다른 사람과 자유롭게 사귈 수 있을 겁니다. 하지만 그가 당신을 이성으로 생각하고 있다면, 그와 우정을 유지하면서 다른 사람과 데이트할 수는 없겠지요. 어쨌든 당신은 사실을 알게 될 것이고 그에 따라 결정을 내릴 수 있을 겁니다. 그가 관계를 정리하는 쪽을 선택할 수도 있습니다. 그가 당신에게 마음이 있고 당신은 당장 데이트할 사람이 없다는 걸 안다면, 당신이 적당한 데이트 상대를 찾을 때까지 관계를 지속하자고 할 수도 있겠지요. 당신이 다른 상대를 찾으면 마크가 부담 없이 당신을 떠날 수 있을 겁니다. 그가 당신에게 특별한 감정이 있는 게 아니라면, 당신이 다른 사람과 사귀면서 그와의 우정을 지속하는 것을 기꺼이 용납할 겁니다. 물론 그것이 당신의 새로운 연인과의 관계에 방해가 된다면 그럴 수 없겠지요."

시간이 다 되었다. 이제 다음 세미나를 시작해야 했다. 마사는 감사를 표하고 같이 온 친구와 함께 나머지 세미나에 참석했다. 세미나가 끝났을 때 마사는 다시 한 번 내게 고맙다고 말했다.

나는 고개를 끄덕여 그녀의 감사에 답한 후 이렇게 말했다. "한마디만 덧붙이고 싶군요. 당신이 연애를 하거나 장차 결혼하게 될 사람이 봉사라는 사랑의 언어를 잘 구사하길 바랍니다. 그렇다면 그의 삶은 훨씬 편해질 겁니다. 그렇지 않다면 결혼 전에 당신이 그에게 그 언어를 가르쳐 그 중요성을 알려 줘야겠지요."

"네, 사람이 생기면 박사님 세미나에 데리고 올게요. 다 고쳐 놓고 결혼을 해야지요." 그녀는 웃으며 자리를 떴다.

그 이후 마사를 보지 못했지만 그녀는 자신의 주된 사랑의 언어가 무엇이며 그것이 왜 중요한지 깨달았을 것이다.

그러나 대부분의 싱글들은 5가지 사랑의 언어의 중요성과 자신의 주된 사랑의 언어가 인생에서 차지하는 역할을 모른 채 결혼한다. 그들은 "사랑에 **빠져**" 흥분한 채 그러한 상태가 영원히 계속될 거라고 생각하며 결혼한다. 하지만 황홀감에서 벗어나면 자신들의 사랑에 무슨 일이 벌어진 건지 의아해 하며 환멸에 빠진다. 우리가 처음부터 서로의 사랑의 언어를 구사하는 법을 배운다면 상대방의 사랑의 탱크를 계속 채워 줄 수 있을 것이다.

생각할 질문 — QUESTIONS TO PONDER

1. 당신의 아버지는 마사의 아버지처럼 봉사라는 사랑의 언어를 잘 구사했는가? 어머니는 어땠는가?

2. 당신은 다른 사람들을 위해 기꺼이 봉사하는가?

3. 지난 석 달 사이에 부모님을 위해 어떤 봉사를 했는가?

4. 친구나 사귀는 사람에게 어떤 일로 사랑을 표현했는가?

5. 최근에 누군가 당신에게 친절을 베푼 적이 있는가?

6. 사람들이 당신을 위해 어떤 일을 해줄 때 당신은 어느 정도(0-10의 척도에서 표시한다면)의 사랑을 느끼는가?

7. 당신이 아끼는 사람에게 최소한 한 주에 한 번씩은 봉사를 통해 사랑을 전할 의향이 있는가?

06
사랑의 언어 #4
함께하는 시간

THE FIVE LOVE
LANGUAGES
FOR SINGLES

앨과 제니퍼는 사귄 지 6개월이 되었지만 앨은 두 사람의 관계에 큰 불만이 있다. "저는 제니퍼를 정말 좋아합니다. 우리는 좋은 관계를 만들 수 있을 것 같아요. 그런데 문제가 있습니다. 도무지 제니퍼를 만날 수가 없어요. 그녀는 일이 너무 많아 제게 시간을 낼 수가 없습니다. 그녀가 출장을 간 사이 집에 죽치고 앉아 있는 것도 이젠 지쳤습니다."

앨은 함께하는 시간에 대한 욕구를 드러내고 있다. 함께하는 시간의 핵심은 함께하는 것이다. 그것은 가까이 있는 것만을 의미하는 건 아니다. 같은 방에 앉아 있는 두 사람은 물리적으로는 가깝지만 함께하고 있다고 단정할 수는 없다. 함께한다는 것은 관심을 집중하는 것이다. 오직 상대방에게만 관심을 기울이는 것이다. 모든 사람은 다른 사람과 관계를 맺고 싶은 근본적인 욕구를 가지고 있다. 그러나 종일 사람들 곁에 있으면서도 단절된 느낌을 받을 수 있다.

의사 알베르트 슈바이처는 "우리 모두 많은 순간 누군가와 함께 있지만 우리 모두 외로움에 죽어 간다."[1]라고 말했다. 레오 버스카글리아 교수는 이렇게 지적한다. "인간은 다른 사람과 함께 상호 작용을 하고 사랑을 나눌 필요를 타고난다는 증거가 점점 축적되고 있다. 다른 사람과의 친밀한 관계는 꼭 필요하다. 그런 관계를 누리지 못한 신생아는 제대로 발육하지 못하거나, 의식을 잃고 백치가 되거나, 심지어 죽을 수도 있다."[2]

연쇄 살인범 찰스 맨슨은 인간관계를 향한 사람들의 이런 욕구를 이용했다. 재판장에서 그는 이렇게 말했다. "소위 '가족'이라는 목장에 속한 사람들이 원치 않는 이들, 그런 이들이 길거리에 나앉아 있었소. 부모에게서 쫓겨난 사람들이지. 나는 그들에게 최대한 잘해 주었고 쓰레기 같은 내 거처로 데려갔소."[3] 내가 "이용했다"고 말한 것은 맨슨이 그들에게 소속감을 준 다음 자신의 왜곡된 목적을 위해 써먹었기 때문이다.

함께하는 시간을 통해 진정한 사랑을 표현한다면 그것은 마음을 전하는 강력한 도구가 된다. 바닥에 앉아 두 살배기에게 공을 굴려 주는 싱글 맘은 아이에게 함께하는 시간을 주고 있는 것이다. 짧은 시간이지만 그들은 함께한다. 그러나 어머니가 전화 통화를 하면서 공을 굴린다면 주의가 분산되고, 아이는 어머니의 관심을 한 몸에 받지 못한다.

함께하는 시간이라고 해서 서로의 눈을 응시하고 있어야 한다는 뜻은 아니다. 둘 다 좋아하는 활동을 함께하는 것도 이에 해당한다. 활동의 구체적 내용은 부차적 문제이자 일체감을 만드는 수단일 따름이다. 어머니가 두 살배기 아이에게 공을 굴려 줄 때 중요한 사실은 공 굴리기 자체가 아니라 엄마와 아이 사이에 만들어지는 감정이다. 함께 테니스를 하는 연인의 경우, 그들이 정말 함께하는 시간을 보내고 있다면 경기가 아니라 두 사람이 함께 시간을 보낸다는 사실에 초점을 맞출 것이다. 감정의 차원에서 벌어지는 일이 중요하다. 그들이 공동의 활동을 하며 함께 시간을 보낸다는 것은 서로를 아끼고 함께 있고 싶어하는 마음을 보여 준다.

한편 당신의 연인이 테니스를 배우고 싶어하고 테니스를 좀 하는 당신이 그의 교습을 맡아 주기로 한다면, 초점은 상대의 테니스 실력을 키워 주는 데 있을 것이다. 특히 돈을 받지 않고 교습한다면 사랑의 표현이 되는데, 그 사랑의 언어는 함께하는 시간이 아니라 봉사다. 당신은 상대의 테니스 실력이 나아지도록 도우며 그를 위해 봉사하는 것이다. 당신의 노력을 본 그는 진정한 사랑을 느낄 수 있다. 그의 주된 사랑의 언어가 봉사라면 더더욱 그럴 것이다. 테니스 교습이 끝난 후 당신과 그가 시원한 레모네이드를 마시며 즐거운 대화를 나눈다면 함께하는 시간이라는 사랑의 언어도 함께 구사하는 것이 된다.

함께하는 시간의 방언: 함께하는 대화

인정하는 말의 경우처럼, 함께하는 시간이라는 사랑의 언어에도 많은 방언이 있다. 그중 가장 흔한 것은 함께하는 대화다. 함께하는 대화란 친근하고 자유로운 분위기에서 두 사람이 대화를 통해 서로의 경험, 생각, 감정, 욕구를 나누는 것을 뜻한다.

듣기

함께하는 대화는 인정하는 말과 많이 다르다. 인정하는 말은 말의 내용이 초점이 되는 반면, 함께하는 대화는 말의 내용뿐 아니라 듣는 것에도 초점을 맞추어야 한다. 내가 누군가와 함께하는 시간을 보내며 그에게 사랑을 전한다면, 그리고 그 시간 동안 그와 대화를 나눈다면 그것은 그의 말을 주의 깊게 들으며 그를 이해하려 애쓸 거라는 의미다. 나는 그에게 질문을 하겠지만 그것은 성가신 질문이 아니라 그의 생각과 감정, 욕구를 이해하려는 진심 어린 질문일 것이다.

내가 당신과의 그런 대화를 위해 30분을 쓴다면 내 삶의 30분을 당신에게 준 것과 같다. 함께하는 대화는 당신에게 내 특별한 마음을 전해 줄 것이다. 당신의 주된 사랑의 언어가 함께하는 시간이라면 더욱 그럴 것이다.

말하기

물론 대화에는 말하기도 포함된다. 그런데 함께하는 대화에 필요한 대화 기술을 익히지 못한 싱글이 있다. 20대 후반의 수잔은 데이트하는 데 어려움을 겪고 난 뒤 내 상담실을 찾았다. 최근 그녀는 남자 친구에게서 두 사람의 성격이 "너무 다르니" 이제 그만 헤어지자는 말을 들었다.

수잔은 이렇게 말했다. "그의 주된 불만은 제가 말을 잘 안 한다는 거예요. 저는 수줍음이 많은 편인데 어린 시절과 관련이 있는 것 같아요. 아버지는 집에서 '아이들 소리가 들리면 안 된다.'라고 말씀하시곤 했어요. 저나 오빠에게 시간을 내지도 않으셨지요. 결과적으로 우리는 남매끼리도 별로 말이 없게 되었어요. 어머니는 언제나 바쁘셨고 오빠와 저는 그리 사이가 좋지 못했어요. 그래서 저는 어린 시절에 대부분 혼자 시간을 보냈어요. 고등학교와 대학에 진학해서는 공부하는 데 주로 신경을 썼고 덕분에 공부도 잘했어요.

대학 졸업 후에는 공인회계사가 되었는데 회계사 일은 대개의 시간을 혼자 일해요. 그래서 데이트를 시작하기 전까지는 제게 문제가 있는지도 몰랐어요. 제가 말을 별로 안 한다는 이유로 저를 떠난 남자가 로버트까지 네 명이에요. 그러니까 제게 문제가 있는 것 같아요."

나는 수잔이 가야 할 길이 멀다는 것을 알았다. 그녀가 설명한 외톨이 생활은 하룻밤에 극복될 수 없는 것이었다. 그녀는 나와 다른 도시에 살았기 때문에 나는 그녀에게 근처의 상담가를 찾아가 내게 말한 그대로 말하라고 권했다. 그리고 그녀가 대화하는 법을 배울 수 있으며 상담을 받는다면 1년 후쯤에는 대화 방식이 크게 달라질 거라고 안심시켰다.

수잔이나 그녀와 비슷한 사람들은 우선 자신이 매일 느끼는 감정, 생각, 욕구를 분명히 파악하는 법부터 배워야 한다. 그다음 그것을 말로 표현하는 연습을 해야 한다. 우선은 혼자 연습하고 그다음에는 다른 사람 앞에서 실습해야 한다. 이것은 과거를 거슬러 올라 어린 시절의 역기능적 대화 패턴을 건강한 패턴으로 대체하는 재사회화 과정이다. 쉽지는 않겠지만 함께하는 대화라는 사랑의 언어를 배우기 위해서는 꼭 필요한 과정이다.

함께하는 시간의 방언: 경청하기

말을 잘하는 사람이라고 해서 전혀 문제가 없는 것은 아니다. 어떤 이들은 도통 남의 말을 들을 줄 모른다. 그들은 다른 사람이 말하고 있는 중간에 자기가 좋아하는 주제가 나오면 상대의 말을 끊고 그 주제에 대한 생각을 하염없이 늘어놓는다. 누군가 그들에게 고민을 털어놓으면 그런 상황에서는 어떻게 해야 하는지 즉시 해답을 내놓기도 한다. 그들은 문제 분석과 해결책 제시에 능숙하다. 그러나 다른 사람을 이해하기 위해 그들의 말을 주의 깊게 듣는 데에는 서툴다. 이 부류에 속하는 싱글이 말을 못하는 사람들보다 훨씬 많다.

일레인의 두려움

일레인은 5년 전에 이혼했다. 그 후 두 자녀를 기르는 데에만 전념했지만 6개월 전 마이크를 만났고, 그녀의 표현을 빌리자면 "관계가 급속히 진전했다." "문제는 마이크가 전남편과 아주 비슷하다는 걸 깨닫기 시작했다는 거예요. 그게 무서워요."

"그가 어떤 면에서 전남편과 비슷합니까?" 나는 그렇게 물었다.

"음, 전남편 조지는 소위 '해결사'였어요. 그는 모든 일에 해답을 갖고 있었어요. 제가 어떤 얘기를 해도 그는 해결책을 제시했어요. 직장에서의 문제를 얘기하면 즉시 상사에게 어떻게 말해야 하는지 가르쳐 주었죠. 그리고 다음 날 밤, 같은 문제를 얘기하려 하면 상사에게 말했느냐고 묻는 거예요. 제가 안 했다 그러면 그는 이렇게 말하지요. '그럼 그 문제로 얘기하고 싶지 않아. 내가 말한 대로 하고 나서 다시 얘기하자고.'

그는 '정답맨' 같았어요. 제게 필요한 건 그의 지원과 격려였어요. 다 안다는 식의 태도가 아니었다고요.

그런데 마이크와 친해지고 보니까 그에게도 똑같은 성향이 보이는 거예요. 남자들은 다 그런가요?"

일레인은 마이크와의 관계를 정리할 생각까지 하고 있었다.

"아닙니다. 모든 남자가 그렇지는 않습니다. 하지만 당신이 마이크에게 발견한 모습에 대해 솔직하게 반응하는 것이 기쁘군요. 마이크와의 관계에서 그 외에 다른 문제가 있나요?"

"아뇨. 다른 면에서 그는 정말 좋아요. 그래서 그 한 부분이 그렇게 신경이 쓰이는 것 같아요. 그런 모습이 이전 결혼 생활에 얼마나 파괴적 영향을 미쳤는지 알고 있거든요."

"당신이 마이크와의 관계를 소중하게 여기니까 그가 해답맨에서 공감적 경청자로 변하도록 시간과 노력을 들일 만한 가치가 있겠군요."

공감적 경청을 위한 지침

나는 2주 후에 "경청하는 귀의 놀라운 능력"에 대한 강연을 할 계획이라고 일레인에게 말했다. 나는 그녀와 마이크가 그 강연에 참석했으면 좋겠다고 권했다. 그것이 그들의 문제를 다루기 위한 첫 번째 단계가 될 것이었다.

내가 그 강연에서 소개한 실제적 제안들 중 일부를 아래에 소개한다. 공감적 경청자가 되도록 돕기 위한 것이다.

1. 상대의 말을 들을 때 눈을 쳐다보라. 이렇게 하면 딴생각이 나지 않고 상대방은 당신이 주의를 기울이고 있음을 알게 된다. 어이가 없다고 눈알을 굴리거나, 부당한 비판을 한다고 눈을 감아 버리거나, 상대가 말하는 동안 멀뚱멀뚱 위아래를 바라보지 말라.

2. 상대의 말을 들으면서 다른 일을 하지 말라. 함께하는 시간은 상대방에게 온전한 관심을 기울이는 일이다. 당신이 금방 그만둘 수 없는 다른 일을 하고 있다면 상대방에게 사실대로 말하라. 이런 식으로 말하는 건 어떨까? "당신이 지금 제게 할 말이 있는 것 같네요. 정말 관심이 있고 당신의 말을 제대로 듣고 싶은데 지금 당장은 그럴 수가 없어요. 하지만 10분만 시간을 주면 이 일을 끝내고 제대로 앉아 당신의 말을 경청할게요." 대부분의 사람들은 이런 요청을 존중할 것이다.

3. 상대의 감정을 살피라. "지금 이 사람의 감정이 어떤가?" 이렇게 자문해 보라. 그리고 답을 찾았다고 생각된다면 이런 식으로 확인해 보라. "내가 ……을 잊어서 실망했다는 말 같군요." 그렇게 하면 상대방은 자신의 감정을 분명히 밝힐 기회를 얻게 되고 당신이 상대방의 말을 열심히 듣고 있음을 확인할 수 있다.

4. 신체 언어를 관찰하라. 불끈 쥔 주먹, 떨리는 손, 눈물, 패인 이마, 눈의 움직임 등은 상대방의 감정에 대한 단서가 될 수 있다. 때로는 신체 언어와 말이 전하는 메시지가 다를 때가 있다. 그럴 때는 당신이 상대방의 생각과 감정을 제대로 파악했는지 확인하는 질문을 하라. 예를 들면 이렇게 말할 수 있다. "그가 다시 돌아오지 않았으면 좋겠다고 말하면서 울고 있잖아요. 혹시 당신은 한편으로는 그를 보고 싶고 한편으로는 보고 싶지 않은 것 아닌가요?"

5. 말을 끊고 끼어들지 말라. 연구 결과에 따르면 사람들은 보통 17초 동안 듣고는 끼어들어 자기 생각을 말한다고 한다. 그렇게 끼어들다가 대화가 시작되기도 전에 중단되는 경우가 많다. 이 대화에서 당신의 목표는 자신을 변호하거나 상대방을 바로잡는 것이 아니라. 상대방의 생각, 감정, 욕구를 이해하는 것이 목표다. 상대의 말을 자르고 너무 빨리 끼어들면 그가 정말 말하려는 바를 알지 못할 것이다.

6. **확인 질문을 하라.** 상대의 말을 이해했다는 생각이 들면 그 내용(당신이 이해한 대로)을 확인해 보라. "내가 듣기에는 ……라는 얘기 같은데 맞나요?", "……라는 말인가요?" 확인 질문은 오해를 해소하고 상대방의 말을 제대로 이해했는지 알게(그렇지 않다면 교정하게) 해준다.

7. **상대의 입장에 대한 이해를 표현하라.** 상대방은 우리가 자기 말을 제대로 이해했는지 알 필요가 있다. 일레인이 직장에서의 어려움을 놓고 마이크와 얘기를 한다고 해보자. 마이크는 이렇게 말할 수 있을 것이다. "말을 들어 보니 당신은 상사에게 이용당한다고 느끼고 있군요. 상사가 추가 수당도 주지 않을 거면서 당신이 추가 근무를 하길 바라고, 열심히 일하는 당신을 인정하지 않으니까요." 만약 일레인이 "그래요, 바로 그렇게 느끼고 있어요."라고 대답한다면, 마이크는 그녀의 상황을 이해한다고 말할 수 있다. "당신이 어떤 기분인지 알 것 같아요. 내가 당신이었더라도 같은 심정이었을 거예요." 이렇게 해서 마이크는 자신의 이해심을 표현하고 일레인의 자긍심을 인정해 주면서 그녀를 합당한 감정을 가진 인격적 존재로 대우하게 된다.

8. **당신이 도울 만한 일이 있는지 물어보라.** 기억하자. 상대방에게 어떻게 하라고 지시하는 게 아니라 그냥 물어보는 것이다. 마이크가 일레인에게 "내가 도울 일이 있나요?"라고 묻는다면 그녀는

"그냥 안아 줘요."라고 말할 것이다. 그녀는 마이크가 해답을 제시하길 바라지 않는다. 답은 그녀가 이미 알고 있다. 그녀는 그가 단지 지원 세력이 되어 주기를 원한다. 한편 일레인이 "내가 어떻게 해야 한다고 생각하세요?"라고 묻는다면, 마이크는 자기 생각을 자유롭게 얘기할 수 있을 것이다. 상대방이 충고를 원한다는 것이 확실해지기 전까지는 결코 충고하지 말라.

이런 식의 대화에는 분명 시간과 노력이 필요하다. 사실 말하는 것보다 듣는 데에 두 배의 시간이 들게 될 것이다. 그러나 이에 따른 유익은 엄청나다. 상대방이 존중과 이해와 사랑을 느끼기 때문이다. 이것이야말로 함께하는 대화의 목표다.

강연 후 나는 마이크를 만났다. 그리고 그 후 그와 나는 네 번에 걸쳐 상담을 진행했다. 마지막 상담이 끝난 후 그가 말했다. "채프먼 박사님, 경청하는 법을 배울 수 있도록 도와주셔서 감사합니다. 박사님 강연을 듣기 전까지는 제게 문제가 있는지도 몰랐습니다. 저는 아낌없는 조언으로 사람들을 돕고 있다고 생각했거든요. 이제는 상대방이 원하지 않는 조언은 통제하려는 시도로 보일 수 있다는 걸 알게 되었습니다. 이것 덕분에 일레인뿐 아니라 다른 사람들과의 관계도 크게 달라질 겁니다." 마이크가 배운 내용은 많은 싱글이 함께 배워야 할 교훈이다.

함께하는 시간의 방언: 함께하는 활동

함께하는 시간이라는 사랑의 언어에는 '함께하는 활동'이라는 또 다른 방언이 있다. 최근에 열린 한 싱글 행사에서 나는 참석자들에게 다음 문장을 완성해 보라고 말했다. "나는 _____가 _____할 때 날 사랑하고 아낀다는 걸 가장 확실히 느낀다." 부모, 룸메이트, 동료, 친구 등 누구의 이름이나 넣을 수 있었다.

스물일곱의 한 남성은 여자 친구의 이름을 넣고 다음과 같이 문장을 완성했다. "나는 메건이나 내가 좋아하는 일을 둘이 함께할 때 그녀가 날 사랑하는 걸 가장 확실히 느낀다. 우리는 활동을 같이할 때 많은 대화를 나눈다. 우리가 만나기 전까지 나는 말을 탄 적이 없었고, 그녀는 배를 탄 적이 없었다. 나는 늘 다른 사람들과 함께 무언가를 하는 걸 즐겼다. 새로운 일들을 함께 해보려는 사람과 사귀게 되어 정말 좋다."

그 젊은이는 자신의 주된 사랑의 언어가 함께하는 시간이고 그가 즐기는 방언은 함께하는 활동임을 밝히고 있다. 그에게는 함께 있고, 함께 무언가를 하고, 서로에게 온전히 집중하는 일이 중요하다.

함께하는 활동의 내용은 한쪽이나 양쪽 모두가 관심이 있는 것이 될 수 있다. 중요한 것은 '무엇을 하는가?'가 아니라 그것을 '왜 하는가?'이다. 그리고 함께 어떤 일을 경험한 뒤 이런 느낌을 받는 것이 목표다. '그는 나를 사랑해. 내가 좋아하는 것을 나와 함께할 마음이 있어. 그리고 긍정적 태도로 그 일을 했어.' 이것은 사랑이다. 그리고 어떤 사람은 이것을 통해 가장 깊은 사랑을 느낀다.

다른 사람의 관심사에 동참하기

릭은 시골에서 컨트리 음악을 들으며 자랐다. 콘서트에 가본 적은 없지만 언제나 컨트리 음악이 나오는 라디오를 켜놓고 지냈다. 그의 꿈은 컨트리 뮤직 공연의 대명사, '그랜드 올 오프리'를 관람하는 것이었다. 릭은 고등학교를 졸업한 후 인근의 기술 대학에 들어가 컴퓨터 기술을 배웠는데 그곳에서 질을 만났다. 원래 디트로이트에 살던 질은 최근에 릭의 동네로 이사를 왔다. 그녀는 컨트리 음악을 좋아하지 않았지만 릭을 금세 좋아하게 되었다.

질의 아버지는 자동차 경주의 열광적 팬이었기 때문에 그녀는 어릴 때부터 아버지를 따라 경주를 보러 다니곤 했다. 어느 날 질은 용기를 내어 아버지와 함께 자동차 경주를 보러 가자고 했고 릭은 그 초대에 응했다. 그 때문에 그녀는 무척 기뻐했다. 릭은 텔레비전에서 자동차 경주를 자주 보았지만 실제로 경기장에 가본 적은 없었다.

나와 릭은 오래전부터 아는 사이였다. 릭이 질과 그녀의 아버지와 함께 경주장에 갔다 온 직후, 나는 식료품 가게에서 그를 보았다. 그는 신나게 자동차 경주에 대해 말하고는 재빨리 이렇게 덧붙였다. "그 경주에서 가장 신났던 부분은 질과 함께 있었다는 거였어요." 릭의 눈이 반짝이고 있었다. 그는 질을 좋아하는 게 분명했다.

몇 달 후 릭과 질은 혼전 상담을 받으러 내게 왔다. 상담을 시작하기에 앞서 그들은 그 전 주말에 '그랜드 올 오프리'에 갔다 왔다는 이야기를 꺼냈다. 기술 대학 졸업생 몇몇이 모여 졸업을 자축하기로 의기투합한 것이다. 릭은 그곳에서 만난 유명 가수들 얘기를 했지만 질은 "저는 릭과 함께 있다는 게 가장 신났어요."라고 말했다.

릭과 질은 기본 원리를 잘 보여 주고 있었다. 사랑을 표현하는 수단으로 어떤 활동을 할 때, 가장 중요한 것은 활동 자체가 아니라 상대방과 함께 있다는 사실이다. 두 사람이 함께 시간을 갖기 위해 서로의 관심사에 동참하는 모습은 참 보기 좋았다. 나는 그들이 결혼 후에도 이런 사랑의 표현을 멈추지 않기를 바랐다.

수년 동안 남을 기억

함께하는 활동에는 수년 동안 나눌 추억거리가 많이 생긴다는 보너스가 있다. 함께 추억할 거리들이 많은 커플은 행복하다. 해변을 거닐던 이른 아침, 정원에 꽃을 심었던 봄날, 숲에서 토끼를 쫓다 옻이 오른 일, 처음으로 같이 메이저 리그 야구 경기를 보러 간 날, 처음이자 마지막으로 함께 스키를 타러 갔다가 그의 다리가 부러진 일, 놀이공원, 콘서트, 대성당, 3km 산행 후 폭포를 맞으며 느꼈던 경이감……. 그때를 기억하면 물보라가 느껴지는 듯하다. 이런 것들은 사랑의 추억이다. 주된 사랑의 언어가 함께하는 시간, 그중에서도 함께하는 활동인 사람에게는 특히 그렇다.

사귀는 사이건 그냥 친구 사이건 그런 함께하는 활동들을 연출하기란 쉽지 않다. 신중한 계획이 필요하다. 때로는 그것을 위해 몇 가지 개인 활동을 포기해야 할 수도 있다. 별로 즐기지 않는 일이라 해도

해야 한다는 뜻이다. 그러나 그렇게 할 때 누군가를 사랑하게 되는 기쁨, 다른 사람의 세계에 들어가는 기쁨, 함께하는 시간이라는 사랑의 언어를 구사하는 법을 배우는 기쁨을 얻게 될 것이다.

생각할 질문　　　　　　　　　　　　　　　QUESTIONS TO PONDER

1. 당신의 부모님은 함께하는 시간이라는 사랑의 언어를 서로 간에 그리고 당신에게 어느 정도나 구사했는가?

2. 다른 사람들과 함께하는 시간을 가질 때 당신은 힘이 솟는가, 진이 빠지는가?

3. 이번 주에는 누구와 함께하는 시간을 보냈는가? 그와 함께하는 시간은 주로 함께하는 대화였는가, 함께하는 활동이었는가?

4. 이번 주나 이번 달에 부모님 중 한 분 또는 두 분 모두와 함께하는 시간을 보내는 것은 어떻겠는가? 그럼 지금 일정표에 그것을 적어 놓자.

5. 친구 중에 누가 함께하는 시간을 원하고 있는 듯한가? 그리고 당신은 그와의 관계를 개선하고 싶은가? 그렇다면 함께하는 시간을 낼 시간을 확보해 보자.

07
사랑의 언어 #5
스킨십

THE FIVE LOVE
LANGUAGES
FOR SINGLES

아기였을 때 우리는 기어 다니지도, 단단한 음식을 먹지도 못했다. 그런 우리는 사랑을 먹고 무럭무럭 자랐다. 아동발달 분야의 많은 연구는 동일한 결론을 내놓았다. 부드럽게 잡아 주고 안아 주고 어루만져 준 아기들이 오랫동안 스킨십 없이 방치된 아기들보다 정서적으로 훨씬 건강해진다는 것이다. 노인의 경우도 마찬가지다. 미국의 양로원을 찾아가 보면 인정과 따뜻한 손길을 받는 노인들이 그렇지 못한 노인들보다 훨씬 긍정적 자세로 잘 지내는 모습을 보게 될 것이다. 부드럽고 따뜻한 스킨십은 근본적인 사랑의 언어다.

유아와 노인에게 해당하는 이 내용은 모든 연령대의 싱글에게도 해당한다. 어느 젊은 싱글 여성은 이렇게 말했다. "아기를 만지거나 처음 보는 개를 쓰다듬고 안아 주는 걸 주저하는 사람은 없어요. 그런데 나는 여기 앉아서 누군가 만져 주길 간절히 바라고 있는데 아무도 그렇게 해주지 않아요. 이상하죠." 그리고 그녀는 그 말이 민망했는지 변명 조로 이렇게 덧붙였다. "우리는 누군가 만져 주길 바라는 욕구를 사람들에게 마음 놓고 알리지 못하는 것 같아요. 사람들이 오해할까 봐 두려운 거죠. 그래서 우리는 외롭게 혼자 앉아 있는 쪽을 택하죠."[1] 나는 이 젊은 여성의 말에 기꺼이 공감할 수많은 싱글을 지켜보았다.

우리의 몸은 접촉하도록 만들어졌다. 오감 중에서 촉각은 다른 감각과 달리 몸의 한 부위에 한정되지 않는다. 작은 촉각 수용기가 몸 전체에 퍼져 있다. 그 수용기를 만지거나 누르면 신경이 자극을 뇌에 전달하고, 뇌가 그 자극을 해석하여 우리는 몸에 닿은 것이 따뜻한지 차가운지 딱딱한지 부드러운지 인지한다. 그것은 고통이나 쾌감을 일으킨다. 우리는 그 접촉이 사랑에서 나온 것인지 미움에서 나온 것인지 해석한다.

몸의 일부분은 다른 부위들보다 민감하다. 특히 손가락 끝과 코끝은 아주 예민하다. 혀끝도 마찬가지다. 반면 어깨의 뒤쪽은 가장 둔감한 부분이다. 그 차이는 작은 촉각 수용기들이 몸 전체에 골고루 퍼져 있는 것이 아니라 군데군데 덩어리를 이루고 있기 때문이다. 그러나 여기서 우리의 목적은 촉각의 신경학적 기초를 이해하는 것이 아니라 심리학적 의의를 아는 것이다.

스킨십은 관계를 만들 수도 있고 깰 수도 있다. 증오나 사랑을 전달할 수 있는 것이다. 상대방의 주된 사랑의 언어가 스킨십이라면, 당신의 스킨십은 "네가 미워.", "사랑해." 같은 말보다 더 의미심장하게

와 닿을 것이다. 스킨십의 거부는 상대방을 고립시키고 당신의 사랑을 의심하게 한다. 부드러운 포옹은 모든 아이에게 사랑을 전해 주지만 스킨십이 주된 사랑의 언어인 아이에게는 사랑의 외침 그 자체다. 싱글의 경우도 마찬가지다. 침울해 있는 친구의 말을 경청해 주고 그의 어깨를 꼭 잡아 주는 일은 "사랑해, 넌 혼자가 아니야. 내가 함께 있잖아."라고 큰 소리로 말하는 것과 같다.

당신에게 있는 모든 것은 당신 몸 안에 있다. 당신의 몸을 만지는 것은 곧 당신을 만지는 것이다. 누군가 당신의 몸에서 거리를 두면 정서적으로도 거리를 두는 것이다. 우리 사회에서 악수는 상대방에게 열린 태도와 친밀함을 전해 준다. 드물지만 상대방과의 악수를 거절할 때도 있는데, 그것은 두 사람의 관계에 문제가 있다는 걸 의미한다.

사랑의 접촉은 여러 형태로 이루어질 수 있다. 촉각 수용기는 몸 전체에 퍼져 있기 때문에 사랑으로 한다면 상대의 어디를 만지건 사랑의 표현이 될 수 있다. 그러나 모든 접촉이 똑같은 건 아님을 명심하라. 당신 앞에 있는 사람이 어떤 것을 사랑의 접촉으로 여기는지 우선 배우라.

접촉의 종류

적절한 접촉과 부적절한 접촉

모든 사회에서는 이성을 만지는 데 적절한 방식과 부적절한 방식이 있다. 최근 성희롱에 대한 서구 문화의 관심은 성적으로 부적절한 방식으로 이성을 만질 때의 위험을 잘 보여 주었다. 그런 식으로 상대방을 만지다가는 사랑을 전하기는커녕 체포될 수도 있다.

물론 신체적 학대―상대의 신체에 해를 가하는 것―도 부적절하다. 동거 커플 사이에서 심각한 폭력이 벌어지는 비율은 부부의 경우보다 거의 5배나 많다.[2] (신체적 학대의 본질과 그에 대한 올바른 반응에 대해서는 "신체적 학대" 부분에서 다루겠다.)

암묵적 접촉과 분명한 접촉

사랑의 접촉은 잠깐의 시간이면 충분한 암묵적이고 미묘한 것일 경우도 있다. 제니는 차를 따르면서 가끔 어머니의 어깨에 손을 얹는다. 때로는 헤어지기 전에 어머니의 등을 토닥거리기도 한다. 반면 발이나 등 주무르기 같은 접촉은 주의 집중이 필요하고 시간도 더 많이 들여야 한다. 접촉하는 시간도 그렇지만 상대방에게 사랑을 전하는 법을 개발하는 면에서도 그렇다. 등 마사지가 아끼는 사람에게 당신의 마음을 분명하게 전해 준다면 마사지를 잘하기 위해 들인 시간, 돈, 에너지는 그만한 가치가 있을 것이다.

암묵적 사랑의 접촉은 시간이 얼마 걸리지 않지만 많은 생각이 필요하다. 스킨십이 주된 사랑의 언어가 아닌 사람, 스킨십이 없는 가정에서 자라난 사람의 경우에는 더욱 그렇다. 어른인 우리는 부모나 형제에 대한 사랑을 간단하지만 강력하게 전할 수 있다. 소파에 앉아 TV를 시청할 때 어머니나 아버지 곁에 바싹 붙어 앉는 일은 큰 소리로 사랑한다고 말하는 것과 같다. 거실을 지나갈 때 앉아 있는 가족 누군가를 슬쩍 쓰다듬고 가는 일도 잠깐이면 된다.

사려 깊은 접촉

위기 상황에서 우리는 본능적으로 서로 껴안는다. 왜 그럴까? 스킨십이 사랑을 강력하게 전해 주기 때문이다. 위기 상황에서 우리는 다른 무엇보다 사랑이 필요하다. 상황을 바꿀 수는 없어도 사랑을 느낀다면 살아남을 수 있다.

싱글도 인생에서 위기를 당한다. 부모의 죽음은 피할 수 없다. 교통사고로 매년 수천 명이 장애인이 되거나 목숨을 잃는다. 질병은 사람을 가리지 않는다. 실망은 인생의 일부다. 어려운 처지에 놓인 친구에게 가장 필요한 것은 사랑이다. 그 친구의 주된 사랑의 언어가 스킨십이라면 울부짖는 그를 안아 주는 일보다 중요한 것은 없다. 말이 별도움이 안 되는 상황에서도 스킨십은 당신의 마음을 전해 줄 것이다. 위기는 사랑을 표현할 특별한 기회가 된다. 부드러운 접촉은 위기가 지난 후에도 오래도록 기억에 남을 것이다. 반면 위기 상황에서 접촉을 거부당한 기억은 절대 잊히지 않는다.

아버지의 진실하고 부드러운 포옹을 받을 수만 있다면 가진 것을 다 내놓아도 아깝지 않을 거라고 말하는 성공한 싱글이 얼마나 많은가? 등을 두드려 주는 일, 볼에 키스해 주는 것, 팔을 부드럽게 만져 주는 것, 손을 잡는 것, 포옹 등은 모두 스킨십이라는 사랑의 언어의 방언이다.

줄리아는 다음의 말로 자신의 주된 사랑의 언어가 무엇인지 드러냈다. "우리 교회가 맘에 드는 점 중 하나는 사람들이 잘 안아 준다는 거예요. 교회를 나설 때면 제 사랑의 탱크가 가득 채워져 있지요. 교회 사람들이 저를 사랑한다는 걸 알기 때문에 어려운 한 주를 잘 헤쳐 나갈 수 있어요."

한편 일부 싱글은 스킨십에 긍정적으로 반응하지 않을 수도 있다. 직장 동료의 등을 토닥거렸는데 몸이 경직되거나 주춤한다면 그의 주된 사랑의 언어가 스킨십이 아님을 알 수 있다. 사랑의 목적은 자신의 욕구를 채우는 것이 아니라 상대방을 더욱 행복하게 하는 것이다. 그러므로 다른 사람의 주된 사랑의 언어를 구사하는 법을 배우는 것이 그 사람을 사랑하는 가장 효과적인 방법이다.

스킨십과 성(性)

스킨십을 사랑의 언어로 얘기하면서 성과의 관계를 논하지 않을 수 없다. 또 21세기의 성도덕이 우리의 스킨십 방식에 끼친 영향을 인식하지 않고서는 스킨십을 논할 수 없다. 오늘날의 싱글은 반세기 전에 시작된 성 혁명의 문화적 영향 속에서 살고 있다.

프로이트와 성 혁명

성 혁명의 뿌리는 20세기 초, 심리 분석의 시조 지그문트 프로이트가 쓴 저작들 안에 있다. 프로이트는 행동에 미치는 성의 영향력을 강조했고, 모든 본능적 욕구가 온전하고 가차 없이 충족될 때 정신 건강과 행복을 얻을 수 있다고 생각했다. 프로이트의 성 개념은 널리 받아들여졌지만 지난 50년 동안의 연구로 그 정당성은 인정되지 않았다.

1960년대의 성 혁명이 폭발하기 10년 전, 프로이트 연구자인 에리히 프롬은 입장을 달리하기로 결심했다. 그는 고전이 된 『사랑의 기술』에서 이렇게 썼다. "명백한 임상적 사실에 따르면, 무제한의 성적 만족을 추구한 사람들은 행복을 얻는 것이 아니라 대개 심각한 신경증적 갈등이나 증후군에 시달린다. 모든 본능적 욕구의 완전한 충족은 행복의 기초가 아닐 뿐 아니라 정신 건강을 보장하지도 않는다."[3]

당대의 저명한 사회학자였던 피티림 소로킨은 프로이트의 사상이 사회에 적용된다면 사회가 성의 진정한 의미를 잃어버리게 될 것이라고 예측했다.

> 성에 집착하는 사회는 하나님의 법과 인간의 법 모두를 주저 없이 파괴하고 모든 가치를 산산이 부숴 버린다. 그것은 토네이도처럼 수많은 시체, 수많은 파괴된 삶, 말할 수 없이 커다란 고통, 깨어진 기준의 흉한 폐허를 남긴다. 또 정상적 사랑의 진정한 자유를 파괴하며 성욕을 가치 있고 고상하게 만드는 대신 교미 정도로 축소한다.[4]

성 혁명의 결과

지난 40년간의 연구 결과는 소로킨의 사회학적 예측이 정확했음을 잘 보여 주었다. 싱글, 기혼자를 막론하고 전례 없이 많은 사람이 성병에 걸리고 있다. 사회 조사 분석가인 글렌 스탠턴은 이렇게 말한다. "결혼과 성이 별개의 것으로 인식되면서 만족스러운 성생활의 꿈은 미국 역사상 그 어느 시대보다 요원한 것이 되고 있다." 그는 그간의 조사 결과를 근거로 이런 결론을 내린다. "성이 해방될 필요는 없다. 그보다는 적절하고 가장 생산적 영역에 한정되어야 한다. 수십 년의 연구 결과로 우리는 이 영역이 바로 평생 함께하는 일부일처제 결혼임을 알게 되었다."[5]

동거를 거치면 더욱 건강한 결혼 생활을 하게 된다는 생각은 수많은 연구 결과 오류임이 드러났다. 캐나다, 스웨덴, 뉴질랜드, 미국 등 여러 서구 국가들에서 수행된 이 연구들에 따르면 동거 후 결혼한 부부가 그렇지 않은 부부보다 이혼율이 훨씬 더 높았다. 그 차이는 50%에서 100%까지 이른다.[6]

동거 문제에 대한 가장 저명한 연구자 중 한 명인 워싱턴주립대학의 잰 스테츠 교수는 이렇게 결론 내렸다. "동거 커플의 관계는 부부에 비해 건강하지 못하다. 관계의 질도 낮고 안정적이지 않으며 불화 역시 많다."[7]

의미 있는 성관계를 향한 추구

성욕은 갈증과 마찬가지로 생물학적 필요라는 생각이 널리 퍼져 있다. 목이 마르면 물을 마신다. 배가 고프면 음식을 먹는다. 성욕이 생기면 충족시킨다. 소로킨 교수의 예언이 실현되었다. 성은 단지 교미 정도로 축소되었다. 그러나 실제로는 누구도 그렇게 믿지 않는다는 것이 문제다. 우리는 전국 어느 음식점에서나 물을 마시고 음식을 먹을 수 있지만, 때와 장소를 가리지 않고 아무하고나 성관계를 가진다고 해서 배타적 성관계를 향한 인간의 깊은 갈망이 채워지지는 않는다.

시카고대학의 연구자들이 최근 전국적으로 실시한 성 관련 조사 결과, 동거 커플의 95%와 부부의 99%가 동거인 또는 배우자가 자신과만 성관계를 할 것으로 기대한다는 사실이 밝혀졌다.[8] 우리 안 깊은 곳의 무엇인가가 "성은 친밀한 것이고 내가 깊이 헌신한 사람과만 나눠야 한다."라고 말하고 있는 것이다.

우리의 성관계가 배타적인 것이 아닐 때 우리는 모욕감을 느낀다. 동거 중인 남자가 동거인에게 충실할 가능성보다 남편이 아내에게 충실할 가능성이 훨씬 높은 것이 현실이다. 조사 결과에 따르면 동거 중인 남성은 결혼한 남성보다 외도할 가능성이 4배나 높고, 동거 중인 여성의 경우에는 결혼한 여성보다 "연인"에게 충실하지 않을 가능성이 8배나 높다.[9]

이것이 바로 기독교와 대부분의 세계 종교들이 인간의 성을 고귀하게 여기며 성을 갈증 같은 차원의 생물학적 충동이 아닌, 결혼을 통해 서로에게 헌신한 남녀 간에 온전하고 자유롭게 표현되는 하나님이 선물로 보는 이유다. 지난 50년간 진행된 사회학적, 인류학적, 심리학적 연구 결과는 인간의 성에 대한 이러한 견해를 확증해 주었다.

현대 사회의 싱글은 프로이트와 사실, 둘 중 하나를 선택해야 한다. 무제한의 성적 만족을 선택할 것인가, 평생의 반려자와만 성교를 할 것인가. 이것은 중요한 선택이다. 다가올 수십 년 동안의 육체적 건강, 정서적 풍요, 성적 만족이 여기에 달렸기 때문이다.

적절한 스킨십—이성과 동성의 경우

주제에서 잠깐 벗어났지만 성 혁명에 대한 논의는 중요한 것이기에 언급하지 않을 수 없었다. 이제 본론으로 돌아와 이성에게 스킨십이라는 사랑의 언어를 구사하는 데 여러 가지 방언이 있다는 얘기를 해야겠다. 이것은 연인이나 친구, 직장 동료 사이에도 있을 수 있고 동성끼리도 나눌 수 있다. 이것은 동성애와는 아무 상관이 없다. 다만 친구, 룸메이트 또는 사회생활 도중에 만난 사람에게 진실한 사랑과 관심을 전하는 것이다. 이번 장에서 다루는 사랑의 언어는 성적인 것과는 별 관련이 없고 스킨십을 통해 다른 사람들에게 사랑을 표현하는 것이 핵심이다.

스킨십 배우기

일부 싱글은 스킨십을 통해 사랑을 주고받기가 쉽지 않을 것이다.

그들은 어릴 때나 십대 시절에 받은 신체적 학대나 성적 학대 때문에 상처를 입었다. 이런 싱글에게 기독교 상담은 과거의 기억을 치유하는 가장 효과적인 수단이 된다. 그런 내적 치유가 없다면 이들은 건강하고 장기적인 인간관계를 형성하는 데 큰 어려움을 겪을 것이다.

신체적, 성적 학대를 받지는 않았지만 "접촉"이 없는 가정에서 자라나 스킨십을 꺼리는 싱글도 있다. 그들에게는 스킨십이라는 것 자체가 사생활 침해로 느껴지고 불편하게 다가온다. 이런 싱글의 경우 문제가 훨씬 간단하다. 그저 새로운 사랑의 언어를 배우면 되기 때문이다.

"난 '만지고 더듬는' 타입이 아니에요"

스물넷의 미혼인 마티가 내게 말했다. "난 '만지고 더듬는' 타입이 아니에요. 사람들이 나를 포옹하는 게 별로 달갑지 않아요. 내가 먼저 다른 사람들을 포옹하는 일은 절대로 없죠. 나는 그런 식으로 길러진 것 같아요. 우리 가족은 서로 사랑했지만 접촉을 많이 하지 않았어요.

그런데 문제가 생겼어요. 지금 정말 좋아하는 남자와 사귀고 있거든요. 그런데 남자 친구는 제가 키스와 포옹에 관심이 없다고 불평하는 거예요. 물론 키스하는 게 괜찮을 때도 있어요. 하지만 볼 때마다 포옹을 한다거나 사람들 보는 데서 손을 잡는 건 자연스럽지가 않아요."

마티가 배워야 할 내용이 만만치 않을 게 분명했다. 그러나 나는 남자 친구와의 관계를 지속하고 싶은 그녀의 마음이 스킨십이라는 사랑의 언어를 구사하는 법을 배우는 데 자극제가 되기를 바랐다. 내가 5가지 사랑의 언어를 설명하고 모든 사람에게는 주된 사랑의 언어가 있다고 말해 주자 마티는 이렇게 소리쳤다. "음, 제 주된 사랑의 언어가 스킨십이 아닌 건 분명하네요!"

"당신의 사랑의 언어는 무엇인가요?"

"인정하는 말 같아요. 존이 저를 보며 정말 예쁘다고 말해 주거나 옷차림을 칭찬해 줄 때 무척 기분이 좋거든요. 그래서 제가 포옹과 키스에 너무 소극적이라는 그의 불평을 들으면 그렇게 마음이 아픈가 봐요. 존은 그 문제에 너무 집착하는 것 같아요. 중요한 건 오직 그것뿐이라는 투예요. 하지만 스킨십이 그의 주된 사랑의 언어일지도 모르겠네요."

나는 마티가 빨리 배울 수 있을 것 같다고 생각하며 이렇게 말했다. "스킨십이 존의 주된 사랑의 언어라면 그 언어를 배울 마음이 있나요?"

"그래요. 하지만 '만지고 더듬는' 사람이 될 자신은 없어요."

"다른 사람이 될 필요는 없어요. 5가지 사랑의 언어는 누구나 배울 수 있는 것들이에요. 스킨십의 언어도 물론 배울 수 있어요."

"어떻게 하면 될까요?"

"시도를 해봐야죠. 아기가 언어를 한 번에 한 단어씩 배우듯 스킨십도 한 번에 한 가지씩 배우는 거예요. 다음번에 부모님을 뵐 때 안아 드리는 것부터 시작하면 어떨까요?"

"그러니까, 그냥 다가가서 포옹하란 말인가요?"

"그래요. 할 수 있을 것 같아요?"
"네. 하지만 부모님이 어떤 반응을 보이실지 모르겠네요."

"하면서 배우라"

"그건 전혀 중요하지 않아요. 당신이 하려는 건 스킨십이라는 언어를 구사하는 거예요. 하면서 배우는 거지요. 이제부터 두 달 동안 부모님을 뵈러 갈 때 집에 도착하면 부모님과 포옹하고 떠날 때도 포옹하세요. 부모님과 포옹한다고 그분들이 다치는 건 아니잖아요. 스킨십을 좀 더 편안하게 구사하는 데 도움이 될 거예요.

그다음 존에게 관심을 기울여 볼 수 있을 겁니다. 차에서 내리거나 쇼핑몰로 걸어갈 때 그의 손을 잡아 보세요. 처음에는 어려울 수 있지만 두 번째는 훨씬 쉬워질 겁니다. 헤어질 때가 되면 먼저 안아 주거나 볼에 키스해 주세요. 자주 할수록 자연스러워질 겁니다."

마티는 잠시 주저하다가 말했다. "좋아요. 일단 해보고 결과를 보지요."

짧은 대화였지만 나는 존과의 관계를 개선하려는 강한 의욕에 힘입어 마티가 내 제안을 실행에 옮기길 바랐다.

다음번에 마티를 봤을 때 그녀는 이렇게 말했다. "효과가 있어요. 부모님과의 관계에도 도움이 되고 있어요. 처음에 어머니를 포옹했을 때는 무슨 전봇대를 포옹하는 것 같았어요. 이제는 어머니도 안아 주세요."

"존과의 관계는 어떤가요?"

"잘되고 있어요. 제가 먼저 손을 잡고 포옹하고 키스하니까 존이 정말 좋아해요. 점점 더 자연스러워지고 있어요. 존은 정말 좋은 사람이에요."

"존이 당신에게 인정하는 말을 많이 하고 있군요."

"네, 그래요. 불평이 없어졌어요."

5가지 사랑의 언어의 좋은 점은 그 모두를 배울 수 있다는 사실이다. 상대방의 주된 사랑의 언어를 배우고 구사함으로써 깊이 있는 관계를 만들 수 있다. 스킨십이라는 사랑의 언어를 능숙하게 구사하기 위해서는 상대방의 욕구를 잘 파악해야 한다. 언제, 어디서, 어떻게 접촉하는지가 모두 중요하다.

스킨십 타이밍

타이밍은 상대방의 기분과 욕구에 따라 달라진다. 한 싱글 맘은 내게 이렇게 말했다. "아들애가 접촉을 원하는지는 집에 들어올 때 문 닫는 모습을 보면 알 수 있어요. 문을 쾅 닫고 들어온다면 '접촉 금지' 기분이에요. 천천히 소리 안 나게 문을 닫는다면 '만져도 괜찮아요, 엄마.'라고 말하는 거죠." 또 다른 싱글 맘은 이렇게 말했다. "딸아이가 저와 멀찍이 거리를 두고 얘기를 한다면 접촉을 원하지 않는 거예요. 그 애가 방 반대편에 서서 얘기할 때는 접촉을 원하지 않는다는 걸 알 수 있어요. 하지만 다가와서 가까이 선다면 따뜻한 손길을 원하고 있다는 뜻이지요."

　사람들은 신체 언어로 자신의 기분을 전달할 때가 많다. 상대방과의 거리를 넓히거나 좁히는 일, 팔짱을 끼는 일 등이 예가 되겠다. 신체 언어를 관찰하면 상대방을 만져도 되는 적절한 시기를 알 수 있다. 상대방이 화가 났을 때는 조심하는 게 좋다. 분노는 사람들을 멀어지게 만드는 감정이기 때문이다. 화난 사람을 안으려고 하면 결국 퇴짜를 맞을 것이다. 화난 상대방은 스킨십을 통제의 시도로 여긴다. 독립 의지에 대한 공격이 되는 것이다.

　상대방이 큰일을 이룬 후에는 대개 접촉이 용이해진다. 스킨십이 승리를 축하하는 방법이 되기도 한다. 이것은 경기장에서 자주 볼 수 있는 모습이지만 직장에서나 연인 관계에서도 마찬가지다. 거꾸로 실패했을 때도 스킨십이 필요하다. 사람들이 각자의 잠재력을 충분히 발휘하지 못하고 자책에 빠져 있을 때 스킨십으로 진정한 사랑과 염려를 전할 수 있다.

스킨십 장소

　접촉에 적절한 장소 또한 중요하다. 아이가 열 살 때는 야구 경기가 끝날 때마다 어머니의 포옹을 기대했다. 아이는 어머니가 서 있는 곳으로 달려가 격려의 말과 따뜻한 손길을 기다렸다. 그러나 아이가 열여섯이 되면 경기가 끝난 후 어머니를 찾지 않을 것이고 어머니가 자기를 찾는 것 또한 원하지 않을 것이다. 그러므로 부모는 자녀들을 안아 줄 적절한 장소를 찾아야 할 것이다.

연인 관계에서도 마찬가지다. 두 사람만 있을 때의 포옹과 키스는 사람이 많은 쇼핑몰에서의 포옹과 키스와 전혀 다르다. 한 장소에서는 적절했던 행동이 다른 장소에서는 부적절해질 수 있다. 핵심은 데이트 상대의 욕구를 존중하는 것이다. 상대방이 불편해하는 장소에서 스킨십을 강요하는 것은 사랑이 아니다. 그것은 이기심의 표현이다. 이제 스킨십 방식을 생각해 보자.

스킨십 방식

이제 스킨십의 종류와 방식에 대해 말해 보자. 스킨십으로 애정을 표현하는 방법은 많이 있다. 포옹, 키스, 등 주무르기, 토닥거림, 부드러운 손길, 마사지, 팔씨름은 모두 스킨십이라는 사랑의 언어를 구사하는 적절한 방법이다. 그러나 그 과정은 생각보다 간단하지 않다. 모든 사람이 똑같은 스킨십을 좋아하는 게 아니기 때문이다. 어깨 주무르는 걸 좋아하는 사람도 있지만 그렇지 않은 사람도 있다. 모든 개인은 독특하다. 인간관계에서 성공하고 싶다면 상대방의 사랑의 언어뿐 아니라 사랑이 가장 잘 전해지는 방언도 함께 배워야 한다.

자기가 어깨 주무르는 걸 좋아한다고 해서 그걸 좋아하지 않는 상대에게 강요하는 건 실수다. 우리는 자신의 사랑의 언어를 상대방에게 강요해서는 안 된다. 그보다는 상대방의 사랑의 언어가 무엇인지 배워야 한다. 사귀는 사람을 만지려 할 때 상대방이 "그거 싫어."라고 말한다면 그만두고 다른 방법을 찾으라. 상대방이 싫어하는 방식을 계속 요구하는 건 사랑을 전하는 것과 거리가 멀다. 그건 당신이 상대방에게 민감하지 않음을 드러내는 꼴이다.

자신에게 기분 좋은 접촉이라고 해서 다른 사람들도 좋아할 거라고 믿는 실수를 범하지 말라. 5가지 사랑의 언어의 목적은 다른 사람의 사랑의 언어를 구사하는 법을 배우는 것이지 자기 언어를 강요하는 것이 아니다. 어떻게 하면 상대방이 사랑을 느끼게 할 수 있을지를 물어야 한다. 스킨십이 상대의 주된 사랑의 언어라면 그녀가 사랑을 느낄 수 있는 스킨십 방식을 찾아야 한다. 상대방의 취향을 고려해야 하므로 사랑하는 건 그리 간단한 일이 아니다.

물론 당신이 어떤 기분으로 상대와 스킨십을 하는가도 대단히 중요하다. 당신이 상대방의 행동에 화가 나서 그의 어깨를 친다면 그는 사랑을 느끼지 않을 것이다. 그러나 같은 접촉이 다른 상황에서는 진정한 사랑의 표현이 될 수 있다.

부적절한 스킨십

다음 몇 단락은 쓸 필요가 없었으면 좋겠다. 우리 사회에서 신체적 학대와 성적 학대 같은 용어들이 이렇듯 흔하지 않았으면 한다. 하지만 상당수의 싱글이 학대를 경험하고 있고 이것이 현실이다. 동거 관계에서는 특히 심하다. 저녁 뉴스 시간에는 더욱 극적인 사례들이 등장하지만, 많은 싱글이 학대를 겪으면서도 말도 못하고 살아간다. 때로는 가장 가까운 사람들이 그 사실을 눈치채지 못하기도 한다.

신체적 학대

『십대의 5가지 사랑의 언어』에서 나는 신체적 학대를 이렇게 정의했다.

> 신체적 학대는 홧김에 때리거나 치거나 차는 등의 행위로 신체에 해를 가하는 것이다. 여기에서 키워드는 '화'다. 일부 [싱글]은 화를 건설적 방식으로 푸는 법을 배우지 못했다. 그들은 누군가의 행동에 화가 나면 험한 말들을 쏟아 내고 물리적 폭력을 행사한다. 때리고 밀고 떠밀고 조르고 움켜쥐고 흔들고 치는 것은 모든 학대 행위다. ……이러한 행위가 벌어지는 곳에서는 [사랑을 찾아볼 수 없다]고 말할 수 있다. 학대 끝에 좋은 말을 하고 육체적 애정 표현을 해봐야 소용없다. ……학대당한 [사람의] 마음은 쉽사리 회복되지 않는다.[10]

진심 어린 솔직한 사과만으로는 충분하지 않다. 학대하는 사람은 그 파괴적 행동을 끊고 전문가의 도움을 받아 긍정적 분노 조절 기술을 배워야 한다. 분노를 터뜨리는 습관은 시간이 해결해 주지 않는다. 당신이 신체적 학대를 저지르는 사람과 사귀고 있다면 관계를 끊고 그 사람이 상담을 받도록 하라고 권하고 싶다. 그렇게 할 엄두가 나지 않는다면 우선 본인이 상담을 받아 학대에서 자신을 보호할 힘과 지식을 얻으라고 권하고 싶다. 학대 행위가 지속하도록 내버려 두는 것은 사랑으로 인한 행동이 아니다.

성적 학대

성적 학대는 자신의 성욕을 채우기 위해 데이트 상대를 이용해 성적 쾌락을 얻는 것이다. 누군가 원하지 않는 성행위를 하도록 강요받는다면 그는 성적 학대를 당하고 있는 것이다. 물론 성적 학대는 다른 상황에서도 벌어질 수 있다. 때로는 마약 복용 상태에서 벌어지기도 한다.

어떤 싱글은 너무나 사랑에 굶주린 나머지 성적 학대를 감수하기까지 한다. 다시 말하지만 그런 이들은 상담을 통해 정신적 힘과 자존감을 얻으라고 권하고 싶다. 그래야 거기서 벗어날 수 있다. 모든 강요된 성행위는 사랑과 거리가 멀다. 그것은 자기만족일 뿐이다.

학대가 오랫동안 이어지게 되면 앙심과 증오, 우울증을 낳는다. 그런 감정들이 폭력적 행동으로 폭발할 때도 있다.

그런 상태에서 벗어나기 위한 첫 번째 단계는 자신의 행동이 잘못되었음을 인정하는 것이다. 그리고 전문가의 상담을 받고, 문제를 다른 사람과 나누고, 치유의 과정을 시작하는 것이 두 번째 단계다. 물론 그런 과감한 조치들에는 대가가 따른다. 당혹스러울 수도 있고, 사귀는 사람과 헤어질 수도 있고, 스트레스가 생길 수도 있다. 그러나 그런 조치를 취하지 않으면 장기적으로 볼 때 더 큰 희생을 치르게 될 것이다.

사랑의 언어인 스킨십은 결코 완력을 쓰지 않고, 따뜻한 손길로 마음을 표현할 적절한 때와 장소와 방법을 찾는다. 스킨십은 기본적인 사랑의 언어 중 하나이고 이 언어를 배우기 위해 시간과 에너지, 노력을 들이는 것은 참으로 값진 투자다.

생각할 질문   QUESTIONS TO PONDER

1. 당신은 어떤 유형의 스킨십이 힘이 되는가?

2. 어떤 유형의 스킨십이 불편하게 느껴지는가?

3. 부모님은 당신에게 스킨십이라는 사랑의 언어로 어느 정도나 말씀하셨는가? 두 분 사이는 어떠했는가?

4. 친구 중에서 "토닥거리는 사람"이 있는가? 다른 사람들을 토닥거리는 사람들은 대부분 스킨십을 좋아한다. 그들의 사랑에 어떻게 반응하면 좋겠는가?

5. 어제나 오늘 당신은 다른 사람들에게 어떤 유형의 스킨십을 해주었는가? 그리고 그들의 반응은 어떠했는가?

6. 당신은 스킨십이 자연스럽게 되는 사람인가? 그렇다면 스킨십을 꺼리는 듯 보이는 사람들을 만나 본 적이 있는가? 그들이 스킨십을 꺼리는 이유가 무엇이라고 생각하는가?

08
제1의 사랑의 언어 발견하기

THE FIVE LOVE
LANGUAGES
FOR SINGLES

인류학을 공부하면서 내가 첫 번째로 배운 것 중 하나는 언어가 인간만의 것이라는 사실이었다. 다른 동물과 인간을 구별 짓는 특징 중 하나가 말로 의사소통을 할 수 있는 능력이다. 동물들은 화톳불에 둘러앉아 과거의 경험과 미래의 소망을 이야기할 수 없지만 사람들은 다르다.

언어가 대단히 다양하다는 것이 나의 또 다른 발견이었다. 나는 어학 실습실에 앉아 처음 듣는 언어의 소리를 음성학적으로 기록하려 애썼던 기억이 있다. 소리를 기록하면서도 무슨 뜻인지 전혀 알 수가 없었다. 그 말들에 담긴 의미를 이해하지 못했기 때문에 그것은 내게 그냥 소리에 불과했다.

우리는 모두 각자가 속한 문화의 언어를 배우고 자란다. 다문화적 환경에서 자란다면 여러 언어를 말할 수도 있을 것이다. 그러나 제일 처음 배운 언어, 대개는 부모의 언어가 제1언어 또는 모국어가 될 것이다. 그것을 "마음의 언어"라고 부르기도 한다. 우리가 가장 잘 이해하고 자기 의견을 가장 분명히 전달할 수 있는 언어가 모국어다. 제2언어 또는 제3언어를 유창하게 구사하는 경우라고 하더라도 언제나 모국어를 더 좋아하기 마련이다.

사랑의 언어에 대해서도 상황은 같다. 5가지 기본적인 사랑의 언어 중에는 각 사람의 주된 사랑의 언어가 있다. 그것은 우리의 마음 깊숙한 곳까지 파고드는 사랑의 언어다. 5가지 사랑의 언어에 대한 설명을 듣고 난 후, 자신의 주된 사랑의 언어가 무엇인지 금세 알아챈 싱글도 있을 것이다. 그들은 자신의 마음을 파고드는 사랑의 언어가 무엇인지 안다. 반면 이런 방식으로 사랑에 대해 생각해 본 적이 없어서 자신의 주된 사랑의 언어가 무엇인지 확신하지 못하는 사람들도 있다.

자신의 주된 사랑의 언어 발견법

대개 두 부류의 사람들이 자신의 주된 사랑의 언어를 발견하는 데 어려움을 겪는다. 첫 번째는 부모에게서 5가지 사랑의 언어를 모두 받으며 충분한 사랑을 느낀 싱글이다. 그들은 5가지 사랑의 언어 모두를 유창하게 구사하지만 어떤 언어가 자기에게 가장 깊이 와 닿는지 잘 모른다.

두 번째는 사랑받는 느낌을 모르는 싱글이다. 그들은 대단히 역기능적 가정에서 자라났고 부모나 중요한 어른들의 사랑이나 안정감을 느껴 보지 못했다. 그들은 사랑받는 느낌을 제대로 모르기 때문에 어떤 언어가 사랑받는 느낌을 주는지 역시 모른다.

이번 장의 목표는 자신의 주된 사랑의 언어를 확신하지 못하는 싱글을 돕는 것이다.

1. 자신의 행동을 살펴보라

자신의 주된 사랑의 언어를 어떻게 발견할 것인가? 첫 번째 방법은 자신의 행동을 살펴보라고 말하고 싶다. 당신은 다른 사람들에게 사랑과 감사를 어떻게 표현하는가? 인정하는 말로 다른 사람들을 격려하는 경우가 많다면 아마 그것이 당신의 주된 사랑의 언어일 것이다. 당신은 다른 사람들이 당신에게 해줬으면 하는 일을 그들에게 하고 있는 것이다. 당신이 다른 사람의 등을 두드려 주고, 악수를 하고, 팔을 만져 준다면 스킨십이 주된 사랑의 언어일 것이다.

특별한 날 또는 별 이유 없이 사람들에게 선물을 계속 준다면 아마 선물이 당신의 주된 사랑의 언어일 것이다. 당신이 앞장서서 다과나 저녁 식사 모임을 준비하고 사람들을 집으로 초청한다면 함께하는 시간이 당신의 사랑의 언어일 것이다. 누군가의 요청을 기다리지 않고 무슨 일이 필요한지 알아서 판단해 팔을 걷고 그 일을 한다면 봉사가 당신의 주된 사랑의 언어일 가능성이 높다.

내가 '아마', '가능성이 높다' 등의 표현을 쓰고 있음을 주목하기 바란다. 내가 잠정적 표현들을 쓰는 이유는 25% 정도의 성인이 즐겨 구사하는 사랑의 언어와 받고 싶어하는 언어가 다르게 나타났기 때문이다.

예를 들어 보자. 빌은 아버지가 어머니를 끔찍하게 챙기는 가정에서 자랐다. 아버지는 선물을 잘했고 어릴 때부터 빌에게 "어머니와 여동생에게 사랑을 표현하는 방법은 선물하는 거란다."라고 가르쳤다. 빌이 데이트를 시작하자 아버지는 그에게 "꽃을 잊지 말라"고 상기시켰다. 그러므로 선물을 주는 것은 빌에게 아주 자연스러운 일이다. 그는 아낌없이 선물을 한다. 그는 이 사랑의 언어를 유창하게 구사하는 법을 배운 것이다. 그러나 정작 빌은 선물만으로 사랑받는 느낌이 들지 않는다. 그의 주된 사랑의 언어는 함께하는 시간이다.

한편 그 외 75%의 경우, 가장 자주 구사하는 사랑의 언어가 바로 자신이 듣고 싶어하는 그 언어로 나타났다. 자신이 사랑받고 싶은 방식으로 다른 사람들을 사랑하고 있는 것이다.

2. 자신이 다른 사람들에게 무엇을 요청하는지 살펴보라

두 번째 방법은 자신이 다른 사람들에게 무엇을 요청하는지 살피는 것이다. 친구들에게 일을 도와달라고 자주 요청한다면 봉사가 사랑의 언어일 수 있다. 여행을 가는 친구들에게 "내 선물 잊지 마."라고 말한다면 선물이 사랑의 언어일 가능성이 높다. 가까운 친구에게 등을 주물러 달라고 한다거나 거침없이 "나 좀 안아 줘."라고 말한다면 스킨십이 주된 사랑의 언어일 가능성이 높다. 또 친구들에게 자주 쇼핑이나 여행을 가자고 하거나 집에 저녁을 먹으러 오라고 초대한다면 함께하는 시간을 요구하는 것이다. 자신이 "이거 괜찮아? 보고서가 제대로 되었나요? 내가 바른 일을 한 걸까?" 등등을 묻는다면 인정하는 말을 구하고 있는 것이다.

우리의 요청은 각자의 정서적 필요를 드러내는 경우가 많다. 그러므로 자신이 다른 사람들에게 무엇을 요청하는지 살피면 자신의 주된 사랑의 언어를 분명히 알 수 있다.

3. 자신의 불평에 귀를 기울이라

세 번째 방법은 자신이 불평하는 내용을 주목하는 것이다. 이것은 말로 표현하는 불평일 수도 있고 머릿속에 들어 있는 불평일 수도 있다. 브래드가 대학 졸업 후 첫 번째 직장에 다닌 지 6개월 정도 되었을 때 나는 그에게 물었다. "직장 생활은 어때요?"

"괜찮습니다. 하지만 제가 하는 일을 아무도 알아주지 않아요. 제가 하는 일이 늘 부족한 것 같아요."

그는 5가지 사랑의 언어를 잘 아는 사람이었기 때문에 나는 다시 물었다. "당신의 주된 사랑의 언어는 인정하는 말이군요. 그렇죠?"

그는 고개를 끄덕이며 말했다. "네, 제 일이 썩 만족스럽지 않은 것도 그 때문인 듯합니다."

친구들이 자기를 위해 시간을 내주지 않는다고 불평하는 사람의 사랑의 언어는 함께하는 시간일 가능성이 높다. 생일 선물을 준 친구가 한 명뿐이었다고 불평한다면 선물이 사랑의 언어일 가능성이 높다.

아무도 자기를 도와주지 않고 자기에게만 모든 일을 맡긴다고 불평한다면 아마 봉사가 사랑의 언어일 것이다.

불평은 우리 마음 깊숙이 들어앉아 있는 정서적 상처를 드러낸다. 가장 깊은 상처를 주는 일의 정반대가 그 사람의 사랑의 언어일 것이다. 그 언어로 사랑을 받으면 상처는 사라지고 뿌듯함을 느끼게 된다.

이 세 가지 면에서 관찰하면 자신의 주된 사랑의 언어를 발견할 수 있을 것이다. 두 가지 언어가 똑같은 느낌을 준다면, 즉 두 언어 모두 의미 있게 다가온다면 2중 언어 사용자일 수도 있다. 만약 그렇다면 사람들이 당신의 정서적 욕구를 채워 주기가 더 쉬워진다. 당신에게 사랑을 전할 수 있는 선택의 여지가 두 개나 있기 때문이다.

핵심 질문 묻기

당신이 현재 이성을 사귀고 있다면 그 관계를 활용해 자신의 주된 사랑의 언어를 발견할 수 있을 것이다. 다음 질문에 답해 보라. "내가 사귀고 있는 사람의 어떤 부분이 가장 마음에 드는가? 나는 상대방의 어떤 언행 때문에 상대방과 함께하고 싶은 것인가?" 이 질문들에 대한 답변이 당신의 주된 사랑의 언어에 대한 정보를 제공할 것이다.

다음과 같이 자문해 보는 것도 좋은 방법이다. "내가 생각하는 이상적인 배우자는 어떤 사람일까? 내가 완벽한 배우자를 만난다면 그(그녀)는 어떤 사람일까?" 완벽한 배우자상을 생각해 보면 자신의 주된 사랑의 언어를 가늠해 볼 수 있다.

지금 사귀는 사람이 없다면 이렇게 물어볼 수 있을 것이다. "내가 친구와의 관계에서 가장 원하는 것은 무엇일까?" 다음 문장을 채워 보라. 이상적인 친구는 _____ 일 것이다. 이 답변 속에 자신의 주된 사랑의 언어가 숨어 있을 것이다.

사랑의 언어 검사표 사용하기

이 책의 부록에 실려 있는 "5가지 사랑의 언어 검사표"를 활용할 수도 있다. 이 검사표는 두 가지 선택 사항 중 하나를 골라 적절한 쪽에 표시하게 되어 있다. 검사표를 작성하면 자신의 사랑의 언어를 알 수 있을 것이다.

다른 사람들의 사랑의 언어 발견법

자신의 사랑의 언어를 발견하면 왜 특정 사람들에게 더 사랑받고 인정받는 느낌이 드는지 이해할 수 있다. 하지만 동전의 반대쪽은 어떨까? 사랑은 양방향 도로와 같다. 사랑을 받을 때뿐 아니라 사랑을 줄 때도 만족감이 있다. 제대로 사랑하는 사람이 되려면 다른 사람들의 주된 사랑의 언어를 발견하는 법을 배워야 한다.

어떻게 하면 이 중요한 발견을 할 수 있을까? 상대방에게 다가가서 "당신의 주된 사랑의 언어는 무엇입니까?"라고 물어본다고 될 일이 아니다. 물론 상대방이 이 책을 읽었다면, 또 책의 내용을 가지고 대화를 나누고 싶어하는 경우라면 예외가 될 것이다. 부모님, 형제, 동료, 친구 또는 사귀는 사람의 사랑의 언어를 알고 싶으면 어떻게 해야 할까?

그들의 표현, 불평, 요구 사항을 살펴보라

분명한 것부터 시작해 보자. 앞부분에서 살펴봤던 자신의 주된 사랑의 언어 발견법을 그대로 적용할 수 있다. 일단 그들이 다른 사람들에게 사랑을 표현하는 방법을 살펴봐야 할 것이다.

아버지가 어머니나 다른 사람들을 위해 봉사한다면 봉사가 아버지의 주된 사랑의 언어일 수가 있다. 한편 아버지가 늘 사람들의 등을 두드려 주거나 집에 돌아올 때마다 당신을 포옹한다면 아버지의 사랑의 언어는 스킨십일 가능성이 높다. 동료가 다른 사람들을 인정하고 감사하는 말을 자주 한다면 그것이 아마 그의 사랑의 언어일 것이다.

사람들의 사랑의 언어가 무엇인지는 대개 쉽사리 알아볼 수 있다. 그러나 거침없이 사랑을 표현하지 않는 이들도 있다.

그런 사람들의 경우에는 이렇게 자문해 봐야 할 것이다. "그들이 가장 많이 불평하는 내용이 무엇인가?" 룸메이트가 "네가 좀 더 도와줬으면 좋겠다.", "네 젖은 수건을 치우는 데 질렸다."라고 자주 말한다면, 그의 사랑의 언어는 아마 봉사일 것이다. 남자 친구가 불만스러운 듯이 "넌 먼저 키스하는 법이 없어. 그냥 볼에 살짝 입만 갖다 대도 좋은데 말이야."라고 말한다면 그는 스킨십이 주된 사랑의 언어라고 말하고 있는 것이다.

여자 친구가 "솔직히 말할게. 내 생일에 넌 꽃은커녕 아무것도 안

줬어. 그래서 화가 나."라고 말한다면, "저녁 사줬잖아. 그건 아무것도 아닌가?"라는 당신의 항변에 그녀가 "그래, 그건 고마워. 하지만 난 그날을 상기시켜 줄 물건이 있었으면 좋겠어."라고 말한다면, 그녀는 선물의 중요성을 말하고 있는 것이다.

세 번째 방법은 그들이 가장 자주 요구하는 내용을 살피는 것이다. "이번 주 일요일에 저녁 먹으러 올 수 있니?"라고 묻는 어머니는 함께하는 시간을 요구하고 있다. "콘퍼런스에 갔을 때 '기념품' 좀 가져올 수 있어?"라고 말하는 동료는 선물을 기대하고 있다. "좀 걸을까?"라고 말하는 친구는 함께하는 시간을 원하고 있다.

이처럼 다른 사람들의 행동을 관찰하고 그들의 불평과 요구 사항에 귀 기울이게 되면 그들의 주된 사랑의 언어를 알 수 있을 것이다.

질문하라

다른 사람의 주된 사랑의 언어를 알아내는 방법은 또 있다. 가장 효과적인 방법 중 하나는 질문을 하는 것이다. 다른 사람의 머릿속에서 벌어지는 일을 알고 싶다면 질문을 하라. 질문은 잘 선택된 것이라야 하고 상대를 알고 싶은 진심 어린 마음의 표현이어야 한다.

예를 들어 보자. 마고는 어머니에게 이렇게 말했다. "엄마, 생각을 좀 해봤는데요. 올해 제 생일에는 저를 낳아 주신 감사의 표시로 특별한 걸 해드리고 싶어요. 한 주 동안 생각해 보시고 제가 뭘 하면 좋을지 말씀해 주세요."

"애야, 아무것도 필요 없다. 네 마음 다 안다."

"아니에요, 그러고 싶어요. 엄마에게 특별한 걸 해드리고 싶어요. 그러니 생각해 보세요."

그다음 주에 마고가 어머니 집에 들렀을 때, 어머니는 화단에서 열심히 일하고 있었다. 어머니는 하던 일을 마치고 호스로 손을 씻고는 "레모네이드 준비해 놨다."라고 말했다. 집 안으로 들어가면서 마고는 화단이 정말 아름답다고 말했다.

"이번 여름에는 비가 많이 왔거든." 어머니가 말했다.

마고의 발견

레모네이드를 마시면서 마고는 어머니에게 물었다. "지난주에 제 생일 얘기 했잖아요. 생각해 보셨어요?"

"그래. 생각해 봤다."

"좋아요. 제가 뭘 해드렸으면 좋겠어요?" 마고의 질문에 어머니는 뜻밖의 대답을 했다.

"너무 많은 걸 요구하는 건지 모르겠다만 날 행복하게 해줄 일을 정말 하고 싶다면 온종일 같이 있었으면 좋겠다. 아침 일찍부터 밤늦게까지 말이다. 쇼핑도 갈 수 있고 네가 어릴 때처럼 함께 공원을 산책할 수도 있어. 나가서 점심을 먹거나 종일 집 안에 죽치고 있어도 좋아. 뭘 하건 상관없다. 그냥 네가 어릴 때처럼 종일 같이 시간을 보냈으면 좋겠구나. 네 생일일 필요도 없어. 하루 전날이나 후도 괜찮아."

마고의 대답에는 물음표가 달려 있었다. "좋아요, 엄마. 그렇게 하면 좋겠네요. 하지만 그게 정말 원하시는 게 맞아요?"

"물론이다. 너와 하루를 보내는 것보다 더 즐거운 일은 생각할 수가 없구나."

마고의 의도가 어머니의 주된 사랑의 언어를 발견하는 것이었다면 그녀는 성공했다. 마고의 어머니는 크고 또렷하게 "함께하는 시간이 내 사랑의 언어야."라고 말했기 때문이다. 마고는 어머니가 갖고 싶은 선물을 묻는 말로 그것을 알아냈다.

나중에 마고는 어머니와의 대화를 생각해 보았다. 그녀는 대학을 졸업하고 고향으로 돌아온 후에도 어머니와는 짤막짤막한 시간을 함께 보냈을 뿐이었다. 거의 매주 어머니를 찾아뵈었지만 머무는 시간은 15분에서 30분에 불과했다. 이제 돌이켜 보니 어머니가 가끔 이렇게 말했던 것이 기억났다. "조금만 더 있다가 가면 안 되니?" 그 기억 덕분에 어머니의 주된 사랑의 언어가 함께하는 시간임이 더욱 분명해졌다.

헬렌의 발견

헬렌은 쉰다섯에 다시 혼자가 되었다. 남편이 9개월 전에 교통사고로 세상을 떠났기 때문이다. 한 친구가 집에만 틀어박혀 있는 그녀를 끌어내려고 어떤 싱글 모임에 초대했는데, 마침 내가 그 모임의 강연을 맡고 있었다.

나중에 헬렌은 말했다. "이 모임에 정말 오고 싶지 않았어요. 저는 아직 혼자가 되었다는 느낌이 들지 않거든요. 여전히 결혼한 몸인 것 같아요. 남편이 곁에 없다는 것뿐이잖아요. 하지만 잘 왔다 싶어요.

사랑의 언어에 대해 처음 들었어요. 이것을 아들과의 관계에 적용할 필요가 있을 것 같네요."

헬렌에게는 서른두 살이 된 아들 브래드가 있었다. 그는 대학 졸업 직후 결혼했다가 2년 후 이혼했다. 그 후 줄곧 혼자 살았고 부모에게는 가끔 연락을 했다. 아버지가 죽은 이후에는 좀 더 자주 어머니를 찾았는데, 헬렌은 아들과 더 가까워지기를 바라고 있었다. "그 애의 사랑의 언어를 알아내야 할 것 같아요." 헬렌이 말했다.

나는 다음 질문에 대한 답을 들으면 아들의 사랑의 언어를 알 수 있을 거라고 말했다. "네 아버지가 돌아가신 후 우리 둘밖에 안 남았구나. 너는 내게 큰 힘이 되었단다. 네게 고마움을 표시할 수 있는 일을 했으면 좋겠는데, 내가 뭘 해주면 좋을까?"

나중에 나는 헬렌의 편지를 받았다. "이제 브래드의 사랑의 언어를 알아냈어요. 그건 봉사가 분명해요." 어머니의 질문에 대한 아들의 첫 번째 반응은 이런 것이었다. "엄마, 제 떨어진 셔츠 단추를 달아 주시면 더 바랄 게 없겠어요. 단추 떨어진 셔츠가 열 벌도 넘을 거예요. 엄마 집에는 단추가 가득 든 서랍이 있잖아요. 셔츠에 어울리는 단추를 찾아 달아 주시면 그 셔츠들을 다시 입을 수 있을 거예요."

헬렌이 말했다. "단추 떨어진 셔츠를 세어 보니 열다섯 벌이었어요. 바지 여섯 벌과 코트 네 벌의 단추도 달았어요. 최근에는 브래드가 카펫 얼룩 빼는 법을 가르쳐 줄 수 있느냐고 묻더군요. 그 애가 저를 다시 자기 삶 속으로 들여놓는 기분이에요. 부담을 주고 싶지는 않아서 요청이 있을 때만 해줘요. 하지만 그 애가 고마워하는 건 알 수 있어요. 제가 그 애의 사랑의 언어로 말하고 있는 것 같아요."

또 다른 방법: 실험

다른 사람의 주된 사랑의 언어를 발견하는 데 도움이 될 만한 또 다른 방법이 있다. 실험이다. 상대방의 주된 사랑의 언어가 뭔지 모르고 단도직입적으로 물어볼 만큼 가까운 사이도 아니라면, 일정 시기 동안 5가지 사랑의 언어 중 하나씩 표현하면서 상대방의 반응을 관찰하자. 예를 들면 한 주 동안 긍정적인 말에 초점을 맞춰 하루에 한 번 이상 인정하는 말을 해볼 수 있다. 그다음 주에는 감사의 표시로 한두 개의 작은 선물을 하는 데 집중한다. 그녀가 자주 찾는 패스트푸드점의 5달러짜리 이용권이나 지난 야유회 때 찍어 놓은 그녀의 사진도 좋은 선물이 될 것이다.

그다음 주에는 그 사람과 한 번 이상 오랜 시간 동안 대화를 나눠 봄으로써 함께하는 시간이라는 사랑의 언어를 구사해 본다. 그다음 주에는 상대방을 위해 할 수 있는 일을 찾는 데 집중한다. 그 사람이 넋두리처럼 늘어놓는 희망 사항들을 들었다면 그 일을 해보는 게 좋다. 마지막 주에는 상대방을 인정하는 적절한 접촉을 시도해 본다. 적절한 정도는 관계의 성격에 따라 달라질 것이다.

상대방의 주된 사랑의 언어를 구사하는 주에는 그의 반응이 달라지는 것을 보게 될 것이다. 상대방의 눈이 빛날 것이고, 보통 때보다 더 고마워할 것이다. 그리고 당신의 언행에 대해 감사하는 쪽지를 쓸지도 모른다.

다른 사람의 주된 사랑의 언어를 발견하는 데는 시간과 노력, 생각이 필요하다. 그러나 상대에게 당신의 사랑과 진심을 제대로 전하고 싶다면 그것은 충분히 가치 있는 투자다. 다른 사람의 주된 사랑의 언어를 알고 그 언어로 말하는 일은 그가 행복하길 진심으로 바라는 당신의 마음을 전하는 데 결정적 열쇠가 된다. 다음 장에서는 이 정보가 가족 관계를 어떻게 개선할 수 있는지 살펴보겠다.

생각할 질문   QUESTIONS TO PONDER

1. 당신은 자신의 주된 사랑의 언어를 알고 있는가? 그렇다면 어떻게 그것을 알게 되었는가? 지금도 자신의 사랑의 언어를 모른다면 부록에 실려 있는 "5가지 사랑의 언어 검사표"를 활용해 보라.

2. 당신은 아버지, 어머니, 형, 언니의 주된 사랑의 언어를 아는가? 모른다면 그것을 가장 잘 알 방법은 무엇인가?

3. 당신의 가장 친한 친구 두 사람은 누구인가? 그들의 주된 사랑의 언어를 아는가? 모른다면 다음 질문에 답해 보라.
   1) 그(그녀)는 다른 사람들에게 사랑과 감사를 주로 어떻게 표현하는가?
   2) 그들은 당신에게 어떤 요청을 가장 많이 하는가?
   3) 그들은 최근에 어떤 불평을 했는가?

   이상의 질문에 대한 답을 듣고도 그들의 사랑의 언어를 모르겠다면 친구에게 다음과 같이 말해 보자. "난 우리 우정을 정말 소중하게 생각해. 네가 우리 관계를 생각해 보고 우리의 우정을 위해 내가 할 수 있는 일을 하나만 말해 주었으면 좋겠어."

4. 당신에게 중요한 사람들의 목록을 작성해 보라. 그들의 주된 사랑의 언어를 안다면 그들의 이름 옆에 그것을 적어 놓으라. 아직 모른다면 이번 장에 소개한 방법들을 사용해 파악해 보자.

09
가족 관계 회복하기

THE FIVE LOVE
LANGUAGES
FOR SINGLES

    나는 알래스카를 순항하는 유람선 암스테르담 호에서 수잔을 만났다. 전날 저녁, 나는 5가지 사랑의 언어에 대한 선상 강연을 한 터였다. 수잔은 내게 말했다. "어젯밤 하신 말씀을 생각하고 있었어요. 덕분에 아버지와의 관계를 제대로 보게 되었어요.

    1년 전쯤 어머니가 돌아가시고 저는 아버지를 도우려고 시카고로 이사를 했어요. 하지만 정말 힘든 한 해였어요. 아버지는 제게 온갖 일을 부탁하셨어요. 혼자 하실 수 있는 일이었는데도 말이에요. 아버지가 저를 조종하고 삶을 통제하려 드신다는 생각이 들었어요. 하지만 이제는 아버지의 사랑의 언어가 봉사임을 알겠어요. 아버지는 제게 사랑을 요구하고 계셨던 거예요.

    제가 집에 페인트칠을 하려고 할 때였어요. 아버지가 오셔서 사다리를 잡아 주겠다고 하시는 거예요. 저는 달갑지가 않았어요. 아버지가 그러고 계시면 시간이 2배는 더 걸리거든요. 지금 생각해 보니 아버지는 자신의 사랑의 언어로 제게 사랑을 표현하고 계셨던 거예요. 이제 아버지를 전혀 새롭게 보게 되었어요." 수잔은 가족 관계를 이해하는 중요한 깨달음을 얻은 것이다.

사랑은 가정에서 시작되어야 한다. 부부가 서로를 사랑하고 부모가 자녀를 사랑하는 이상적인 환경에서는 아이들이 거침없이 사랑하고 사랑받는 법을 배운다. 그러나 많은 싱글이 이상적인 가정에서 자라지 못했다. 많은 부모가 배우자의 주된 사랑의 언어에 무지했고, 자녀들의 사랑의 언어도 알지 못했다.

결과적으로, 많은 싱글이 머리로는 부모가 자신을 사랑한다고 생각하지만 부모의 사랑을 느끼지 못한 채 자라났다. 십대 시절에는 부모와의 관계가 긴장의 연속이었고, 어른이 된 지금 부모와의 끈끈한 유대는 전혀 없다.

이번 장의 목적은 부모, 형제와의 관계가 개선되도록 돕는 것이다. 부모, 형제와 긍정적이고 좋은 관계를 유지하는 이들도 있을 것이고, 갈등이 있거나 서로 소원해진 이들도 있을 것이다. 상황이 어떻건 이 책에서 처음부터 8장까지 다룬 원리들을 이해하고 적용하면 가족 관계는 크게 향상할 것이다.

부모님 사랑하기

부모와의 관계가 더 좋아지거나 회복될 때는 정서적으로 큰 유익을 얻게 된다. 흥미롭게도 고대 이스라엘 민족에게 주어진 10가지 계명 중 하나에 부모에 대한 계명이 있다. "네 부모를 공경하라 그리하면 네 하나님 여호와가 네게 준 땅에서 네 생명이 길리라"(출 20:12). 신약성경도 부모와 긍정적 사랑의 관계를 형성할 때 얻는 유익을 확인해 주고 있다. "네 아버지와 어머니를 공경하라 이것은 약속이 있는 첫 계명이니 이로써 네가 잘되고 땅에서 장수하리라"(엡 6:2-3).

사랑은 부모에게서 자녀에게 흘러가는 것이 이상적이다. 그럴 때 자녀는 진정으로 사랑받고 있다고 느끼고 부모를 공경하게 된다. 그러나 가정에서 사랑받지 못하고 버림받거나 학대받았다고 느끼는 사람이 부모를 공경하기란 매우 어렵다. 하지만 성인이 된 우리에게는 부모와의 관계를 개선할 책임이 있다. 특히 부모가 우리의 필요를 제대로 채워 주지 못했을 경우, 우리의 책임은 더욱 커진다. 부모와의 관계 개선에서 사랑보다 더 중요한 것은 없다. 사랑은 장애물을 허물고, 벽을 뛰어넘고, 상대방의 행복을 구한다.

사랑의 놀라운 점은 우리의 감정에 좌우되지 않는다는 것이다. 우리는 부모에게서 받은 상처를 느낄 수 있다. 버림받았다고 느끼고, 실망하고, 좌절 끝에 우울해질 수도 있지만, 그래도 부모에게 사랑을 표현할 수 있다. 사랑 자체는 감정이 아니라 적절한 행동이 수반되는 태도다. "나는 당신의 유익을 구하기로 결심했습니다. 무엇을 도와드릴까요?"라고 말하는 태도다. 그리고 사랑은 의미 있고 긍정적인 행동으로 상대를 대한다.

사랑은 반응을 자극한다

사랑은 좋은 감정을 자극한다. "저 사람이 날 사랑하는 게 느껴져."라고 말할 때는 그 사람이 우리의 안위에 관심이 있음을 강하게 느낀다는 뜻이다. 보살핌을 받는다는 느낌은 인간의 영혼에 깊은 만족감을 준다. 사랑받는다고 느끼는 사람은 자연스럽게 상대를 공경하고 존중하게 된다. 부모와 성인이 된 자녀가 서로 사랑하고 존경하면 양쪽 모두 정서적으로 건강해지고, 그것은 육체적인 면에도 좋은 영향을 끼친다.

부모 자식 관계가 절망적인 경우는 없다. 생명이 있는 한 과거를 치유하고 더 나은 관계를 만들어 갈 잠재력이 있다. 부모와의 관계에 어려움이 있는 경우, 그 관계를 개선할 가장 좋은 방법은 본인이 주도적으로 나서서 부모의 주된 사랑의 언어를 배우고 그것을 꾸준히 구사하는 것이다. 부모도 사람이기 때문에 사랑을 절실히 갈망한다. 당신이 적절한 사랑의 언어로 사랑을 전하기 시작하면 부모도 당신의 사랑을 느끼고 사랑으로 보답하게 된다.

그러므로 부모에 대한 부정적 감정이 있다 하더라도 주도적으로 나서서 부모를 사랑해야 한다. 부모가 당신의 사랑의 언어로 화답할 때, 그간의 안 좋은 감정들은 사그라지고 사랑을 느끼게 될 것이다. 우리의 사랑에 반드시 호응이 있을 거라고 보장할 수는 없다. 그러나 때로는 가장 어려운 관계에서도 사랑의 반응이 나타나기 때문에 포기해서는 안 된다.

제니퍼 이야기

생모를 찾아서

서른넷의 제니퍼는 미혼 여성이다. 그녀는 양부모 조지와 마사, 그리고 생모 크리스티나와의 갈등을 겪으며 그들의 사랑의 언어를 배웠다. 그 결과 그녀는 양부모, 생모와 대단히 긍정적이고 친밀하며 사랑 어린 관계를 맺게 되었다.

조지와 마사는 제니퍼가 열세 살이 될 때까지 그녀에게 안정되고 사랑 넘치는 환경을 제공했다. 그러나 제니퍼가 열네 살이 되자 생모를 찾아 만나고 싶다고 말하기 시작했다. 양부모는 아이의 생각에 격렬히 반대했다. 그들은 제니퍼의 어머니가 제니퍼를 낳을 당시 마약을 복용하고 있었고, 여러 사람과 성관계를 하고 있었음을 알았다. 그들은 제니퍼의 생모가 제니퍼에게 좋은 영향을 끼칠 사람이 아니라고 생각했다.

그러나 열네 살의 제니퍼의 생각은 달랐다. "난 친엄마를 만나고 싶어. 만나 보고 마음에 들지 않으면 남남처럼 살면 돼. 하지만 어쨌건 만나 보고 싶어." 하지만 조지와 마사는 제니퍼의 간청을 거절했다. 생모와의 만남이 제니퍼에게 유익하지 않을 거라고 생각했기 때문이었다. 그다음 2년 동안 이 문제를 비롯한 여러 문제를 두고 제니퍼와 양부모 사이에 자주 갈등이 일어났다.

열여섯이 된 제니퍼는 양부모가 자신을 사랑하지 않는다고 생각했고 저 스스로 생모를 찾기 시작했다. 제니퍼는 학교 친구의 도움을 받아 생모의 소재를 파악할 수 있었고 그녀와 전화 통화를 했다. 어머니는 딸의 전화를 받고 무척 기뻐했다. 그리고 두 사람은 만날 약속을 했다.

모녀는 몇 번 점심을 같이 먹었고 좋은 관계를 유지했는데, 제니퍼의 양부모는 이 사실을 알지 못했다. 결국, 생모 크리스티나는 제니퍼를 자신의 아파트로 초대했고 동거 중인 남자 친구에게 딸을 소개했다. 그는 제니퍼에게 잘해 주었고 제니퍼도 그가 마음에 들었다.

언쟁과 훈계

1년 정도 지났을 때 조지와 마사는 그 사실을 알게 되었고 매우 언짢아했다.

마사가 말했다. "네가 우리를 이렇게 대하다니 믿을 수가 없구나. 우리가 그동안 널 어떻게 길렀는데……."

그러자 제니퍼가 말했다. "엄마는 나쁜 여자가 아니에요. 그리고 저를 사랑한다고요."

"그 사람이 널 그렇게 사랑한다면 아예 같이 살지 그러니?" 그러나 마사는 자신이 방금 한 말을 후회했다. "진심으로 한 말은 아니다. 넌 생모와 살 필요가 없어. 그 사람이 네게 좋은 영향을 줄 리가 없어." 마사는 감정을 주체하지 못하고 울기 시작했고 제니퍼는 방에서 나왔다.

그날 밤 제니퍼는 아버지 조지에게 긴 훈계를 들었다. 엄마, 아빠는 너에게 가장 유익한 일을 하고 싶고, 지금까지 너를 사랑했으며, 지금도 마찬가지다, 이런 요지였다. 그는 제니퍼의 생모의 마약 문제와 생활 방식에 대해 털어놓았다. "그래서 우리는 네가 생모와 연락을 하길 원하지 않았던 거란다."

제니퍼는 아버지의 말을 주의 깊게 들은 후 이렇게 대답했다. "부모님이 저를 사랑하신다는 거 알아요. 하지만 저는 엄마와 관계를 갖고 싶어요. 아빠에게 상처를 주고 싶진 않지만, 지금 친엄마를 외면할 수는 없어요." 조지는 방을 나갔고 제니퍼는 울었다.

제니퍼가 양부모 모르게 생모와 연락을 계속했던 고등학교 3학년 시절은 그야말로 힘겨운 시간이었다. 그러다 그녀는 대학에 들어갔고 생활은 한결 수월해졌다. 그녀는 양부모와 생모 모두와 연락을 유지했다. 양부모가 생모를 만나느냐고 물으면 그렇지 않다고 말했고, 생모는 양부모에 대한 질문은 절대 하지 않았다. 그녀는 제니퍼와의 관계를 유지할 수 있다는 것만으로도 행복했다.

대학에 간 제니퍼가 3학년이 되던 해, 크리스티나와 동거하던 남자가 짐을 꾸려서 나갔고 그녀는 깊은 우울증에 빠졌다. 이 기간에 크리스티나는 다시 마약을 했고 1년 후에는 재활 센터 신세를 져야 했다. 그해에 제니퍼는 어머니와 자주 만나지 못했고 가끔 전화하는 것이 전부였는데, 통화가 끝나고 나면 늘 눈물을 쏟았다. 제니퍼에게도 약간의 우울증 증세가 나타나 상담을 받아야 했다. 상담을 받는 동안 그녀는 생모에게서 버림받은 느낌, 양부모에게 휘둘린다는 느낌을 추스를 수 있었다.

사랑의 언어에 대해 배우기

제니퍼는 그녀를 포기한 친어머니의 결정이 당시에는 가장 지혜로운 것이었고, 친어머니와의 연락을 막으려는 양부모의 행동 역시 그녀를 진심으로 염려한 결정이었음을 인정하게 되었다. 그러나 제니퍼는 자신이 처한 상황을 머리로는 이해할 수 있었지만 버림받았다는 느낌은 여전했고 그 때문에 괴로웠다.

그녀는 상담자에게 이렇게 말했다. "저를 정말로 사랑하는 사람이 있는지 확신할 수가 없어요. 친어머니와 양부모님이 저를 사랑하시는 줄은 알아요. 하지만 아무도 저를 사랑하지 않는다는 느낌이 자꾸만 들어요."

상담자는 제니퍼에게 『5가지 사랑의 언어』한 권을 주었다. "이 책은 원래 부부가 서로 사랑하는 법을 배우도록 돕는 책입니다. 하지만 읽어 보세요. 사랑이 어떤 건지 이해하는 데 도움이 될 거예요."

제니퍼는 그 책을 읽었고 몇 번의 상담 시간을 이용해 상담자와 그 책에 관해 얘기했다. 그녀는 자신의 주된 사랑의 언어가 인정하는 말이라는 것을 깨닫게 되었다. 그녀가 친어머니를 처음 만났을 때 그토록 끌렸던 것도 그 때문이었다. 그녀의 어머니는 인정하는 말을 많이 했던 것이다. 친어머니와 만나겠다는 그녀를 반대했던 양부모를 보며 사랑받지 못한다고 느낀 것도 같은 이유 때문이었다. 그녀는 열네 살 이후 양부모에게 비판적이고 정죄하는 말을 많이 들었다. 그러다 대학에 진학한 후 생모를 만난다는 사실을 양부모에게 숨기면서 상황이 무마되기 시작했다.

상담을 마치고 1년 후, 제니퍼는 대학을 졸업하고 고향에서 직장을 구한 후 그 책을 다시 읽었다. 이번에는 양부모와 생모의 사랑의 언어를 발견하는 데 초점을 맞추었다. 그녀는 친어머니의 집에 도착할 때, 떠날 때마다 어머니가 자신을 오랫동안 껴안았던 것을 기억했다. 대화를 나누는 도중에 크리스티나가 손을 뻗어 자신의 팔을 만지던 것도 기억했다. 제니퍼는 그러한 포옹과 접촉이 거북스러울 때도 있었지만, 이제는 스킨십이 친어머니의 주된 사랑의 언어임을 알게 되었다.

또한, 제니퍼는 양아버지의 사랑의 언어가 인정하는 말이라는 결론을 내렸다. 양아버지는 언제나 긍정적인 말을 하려고 노력했다. 제니퍼가 양어머니보다 양아버지에게 죄의식을 덜 느낀 것도 그 때문이었다. 양아버지는 최악의 상황에서도 제니퍼에게 인정하는 말을 하곤 했다. 물론 그것이 친어머니를 만나면 안 된다는 주장 때문에 상대적으로 빛을 잃긴 했다. 양어머니 마사의 사랑의 언어는 찾아내기가 좀 까다로웠지만, 마침내 제니퍼는 결론을 내릴 수 있었다. 그것은 봉사였다.

가족의 사랑의 언어 구사하기

제니퍼는 이러한 정보를 갖고 그녀에게 가장 중요한 세 사람을 만날 때마다 그들의 주된 사랑의 언어를 구사하기 시작했다. 마사가 손님을 치른다는 소식을 들으면 쿠키를 굽는 일을 도왔다. 그리고 집을 찾을 때마다 "제가 있는 동안 도와드릴 일이 있나요?"라고 물었다. 양어머니가 아무것도 요청하지 않으면 스스로 뭔가를 찾아서 하곤 했다. 양아버지에게는 자신과 둘만 있을 때나 양어머니와 함께 있을 때나 가리지 않고 인정하는 말을 하기 시작했다. 집을 떠나기 전에는 늘 뭔가 긍정적인 말을 하려고 노력했다.

제니퍼는 친어머니 크리스티나의 품에 전보다 적극적으로 안겼다. 소파에 앉은 어머니 곁을 지나갈 때 등에 손을 얹기도 하고 포옹 후에는 어머니의 볼에 키스도 했다.

세 사람과의 관계가 모두 좋아지기 시작했다. 제니퍼는 마사에게서 인정하는 말을 들었고 진한 따뜻함을 느끼기 시작했다. "그 사람이 널 그렇게 사랑한다면 아예 같이 살지 그러니?" 마사의 이 말은 오랫동안 제니퍼의 마음을 찌르는 상처가 되었다. 제니퍼는 그 말이 그렇게 가슴 아팠던 이유가 인정하는 말이 자신의 사랑의 언어였기 때문임을 깨달았다.

그러나 이제 그녀는 양어머니의 인정하는 말을 듣고 있었고 옛날의 메시지는 사라져 갔다. 그녀는 양어머니가 자신을 사랑한다는 것을 알았고 그 사랑을 느끼기 시작했다.

나중에 제니퍼는 전국 싱글 콘퍼런스에서 자신의 사연을 소개했다. 제니퍼가 세 부모와의 사랑의 관계를 발전시킴으로써 더욱 행복해졌음이 분명했다.

모든 사람이 제니퍼의 경우처럼 부모와 갈등을 겪지는 않는다. 그러나 부모와의 관계가 깨어지고 손상된 싱글이 매우 많다. 그들은 부모의 사랑을 느끼지 못했기 때문에 학업이나 직업적 성공으로는 채울 수 없는 공허감을 느낀다. 그러나 부모와의 사이에 어떤 일이 있었건 주도적으로 그들의 주된 사랑의 언어를 알아내고 그것을 구사하기 시작하면 부모와의 관계에서 치유와 화해를 맛볼 수 있다. 이것이 이번 장에서 말하고자 하는 것이다.

부모와 사랑이 넘치는 굳건한 관계를 누리고 있는가? 그렇다면 부모의 주된 사랑의 언어를 발견할 때 그 관계가 더욱 좋아질 것이다.

형제와의 관계

모두 그런 건 아니지만 많은 싱글에게는 형제자매가 있다. 형제들과의 관계는 어린 시절과 사춘기 시절에 일어난 사건들로 결정되는 경우가 많다. 어린 시절의 관계가 어른이 된 뒤에도 영향을 미치는 것이다. 이 영향은 긍정적일 수도 있고 부정적일 수도 있다. 형제와의 관계가 긍정적이라면 형제의 주된 사랑의 언어를 발견하고 구사할 때 그 관계가 더욱 좋아질 것이다. 어린 시절의 부정적 기억이 어른이 된 후에도 남아 있다면 형제의 주된 사랑의 언어로 사랑을 표현하는 것이 과거의 상처를 치유할 가장 좋은 방법이다.

브렌다의 주근깨

브렌다는 빨간 머리에 주근깨가 있는 아름다운 싱글 여성이었다.

"어린 시절 저보다 두 살 많은 오빠는 저를 주근깨투성이라며 놀렸어요. 오빠는 늘 저를 주근깨투성이라고 불렀고, 친구들에게도 그렇게 소개했어요. 저는 그게 싫었지만 큰 문제로 삼은 적은 없어요. '내 이름은 브렌다야.' 그렇게 말하고는 그냥 넘어가곤 했지요. 어른이 된 지금도 오빠는 저를 그런 식으로 소개해요."

"대수롭지는 않지만…"

"대수롭지는 않지만 마음에 들지 않아요. 오빠가 저를 그냥 브렌다라고 불렀으면 좋겠어요."

"그렇게 말해 본 적이 있나요?" 내가 물었다.

"고등학교를 졸업한 이후에는 한 번도 말하지 않았어요. 그 전에 두어 번인가 말했었지만 아무 소용이 없었거든요. 그것만 빼면 우리 남매는 사이가 좋은 편이죠."

"오빠의 주된 사랑의 언어가 뭐라고 생각하세요?"

"함께하는 시간인 것 같아요. 언제나 우리 집에 놀러 와서 얘기하고 싶어하거든요. 새로 사람을 사귈 때는 특히 그래요. 오빠는 어떻게 반응하고 무슨 말을 해야 하는지에 대해 제 조언을 듣고 싶어해요. 집에 오면 차 한잔에다 샌드위치를 먹을 수 있다는 것도 알지요. 오빠가 들르면 우리는 얘기를 나눠요."

"그럼 오빠에게 기꺼이 시간을 내주나요?"

"보통은 그래요. 하지만 바깥에 볼일이 있을 때는 편안히 있으라고 하고 나갔다 와요. 그 사이 오빠는 낮잠을 자거나 TV를 보죠. 제가 돌아오면 다시 대화를 이어 가고요."

"오빠가 당신의 사랑을 느낀다고 생각하나요?" 내가 물었다.

"물론 그랬으면 해요. 함께하는 시간이 오빠의 사랑의 언어라면 정말 그럴 거예요. 저는 오빠에게 함께하는 시간을 많이 제공해 주거든요."

"그리고 당신도 오빠의 사랑을 느끼나요?"

"네, 그럼요. 제 사랑의 언어는 인정하는 말이에요. 오빠는 늘 제 머리가 정말 좋다거나 조언해 줘서 고맙다고 말해요."

"두 분의 관계가 아주 건강한 것 같습니다. 하지만 오빠가 당신을 주근깨투성이라고 부르지 않는다면 관계가 더욱 좋아지겠지요?"

그녀는 웃으며 말했다. "네."

중대한 요청

"그럼 저와 함께 실험을 한 가지 해보겠습니까?" 내가 물었다.

"도움이 된다면 뭐든지 해보겠어요."

"오빠와 함께 있을 때 가족에게 사랑을 전하는 일에 관한 책을 읽고 있다고 말하고 질문을 하나 해보세요. 질문은 이겁니다. '여동생인 내가 오빠를 얼마나 사랑한다고 느껴? 0부터 10 사이에서 점수를 매겨 봐.' 오빠가 예상대로 8, 9, 10점 정도라고 답한다면, 이번에는 당신을 얼마나 사랑하느냐고 물어보세요. 물론 0부터 10 사이에서 점수를 매기는 거예요. 오빠가 당신에게 높은 점수를 준다면 그 말을 정말 믿는다고, 그의 사랑을 느낀다고 말해 주세요. 그리고 한 가지 요청이 있는데 그걸 들어주면 사랑을 더 깊이 느낄 것 같다고 말하세요.

오빠에게 요구 사항을 들어줄 수 있겠느냐고 물어보세요. 그렇다고 말하면 (어떻게 안 된다고 할 수 있겠어요?) 그냥 이렇게 말하는 겁니다. '이제 사람들 앞에서 나를 주근깨투성이라고 소개하지 말았으면 좋겠어. 우리끼리 있을 때 오빠가 원한다면 나를 그렇게 불러도 좋지만 사람들 앞에서는 그렇게 부르지 마. 그냥 여동생 브렌다라고 소개해 줘.'

아마도 오빠는 당신의 그런 요청을 받고 깜짝 놀랄 겁니다. 당신이 아직도 그 별명을 싫어한다는 걸 전혀 몰랐을 가능성이 높거든요. 하지만 오빠는 그 사실을 알아야 합니다. 그렇게 된다면 오빠는 달라질 것이고 당신은 오빠의 사랑을 더 잘 느끼게 될 겁니다."

"그렇게 단도직입적으로요?" 그녀가 물었다. 그녀는 미처 대답할 여유도 주지 않고 이렇게 말했다. "그건 어려울 것 같아요. 오빠에게 상처를 주고 싶지는 않아요. 오빠가 저를 바보 같다고 생각하는 것도 싫어요."

"오빠가 당신을 주근깨투성이라고 부르지 않는 게 중요한가요?"

"그래요."

"그럼 오빠에게 기회를 주세요. 오빠는 당신의 마음을 읽을 수 없어요. 그건 바보 같은 게 아니에요. 물어본다고 해서 오빠가 다치는 것도 아니고요. 당신은 더욱 효과적으로 사랑을 표현할 기회를 오빠에게 주는 것뿐이에요."

"시도해 볼게요." 그녀는 상담실을 나서며 말했다.

6개월 후 나는 브렌다의 편지를 받았다. 짤막한 편지였다. 편지 상단에는 주근깨투성이 소녀의 얼굴이 그려져 있었다. 그리고 그 밑으로 이런 글이 적혀 있었다. "효과가 있었어요. 오빠의 반응은 아주 확실했어요. 지난 6개월 동안 저를 주근깨투성이라고 소개한 적이 한 번도 없어요. 감사합니다. 브렌다."

브렌다는 중요한 원리 하나를 보여 준다. 형제가 당신의 사랑을 느끼는 경우 진심 어린 요청에 응할 가능성은 매우 높다. 브렌다는 예전부터 오빠의 주된 사랑의 언어로 말하고 있었고 그는 여동생의 사랑을 느끼고 있었다. 그래서 브렌다에게 중요했지만 정작 그는 몇 년 동안 한 번도 진지하게 생각해 보지 않은 문제를 해결하는 데는 간단한 요청 하나면 충분했다. 그러나 브렌다의 오빠가 동생의 사랑을 느끼지 못했다면 그녀의 요청에 전혀 다르게 반응했을 것이다.

서로 사랑을 느끼지 못하는 형제들은 모든 요청을 요구 사항으로 받아들이고 부정적 반응을 보이는 경우가 많다. 다시 말하지만 사랑받는다고 느끼는가에 따라 요청에 대한 반응은 크게 달라진다.

형과 동생

스티브의 경우는 브렌다보다 훨씬 더 어려웠다. "동생과 저는 어릴 때부터 개와 고양이처럼 싸우며 자랐습니다. 저는 동생보다 한 살 많습니다. 우리 싸움이 자존심 때문이었는지 다른 이유가 있었는지는 기억나지 않습니다. 이제는 둘 다 성인이 됐는데도 우리는 여전히 그리 친하지 않습니다. 제게 안 좋은 일이 생긴다 해도 동생에게 도움을 요청하지는 않을 것 같습니다."

"동생과의 사이가 좋아졌으면 좋겠습니까?"

"그렇습니다. 우리는 형제입니다. 형제라면 적어도 서로 마음이 통해야 하지 않겠습니까? 동생의 '최고의 친구'가 되길 기대하지는 않지만 동생과 가까워지고 싶은 건 분명합니다.

부모님은 나이가 들어가시고 몇 년 후면 우리는 두 분을 봉양하는 문제도 상의해야 합니다. 하지만 지금 같아서는 어떤 일에도 의견을 모을 수 없을 것 같습니다. 동생은 지금도 제게 화가 난 것 같은데 그 이유를 모르겠어요. 형이라는 이유로 그 애에게 군림하려던 적은 없거든요."

나는 스티브가 동생과의 관계를 개선하기 위해 노력해야 할 때라는 데 동의했다. 나는 그에게 사랑의 중요성과 우리 모두에게는 사랑의 탱크가 있다는 얘기를 했다. "사랑의 탱크가 가득 차 있고 가족의 사랑을 느끼고 있으면, 가족과의 관계가 긍정적이고 점점 더 좋아집니다. 하지만 사랑의 탱크가 비어 있고 가족의 사랑을 느끼지 못할 때는 가족들 사이에 걸림돌이 생기게 됩니다. 서로를 부정적으로 보게 되고 때로는 적대감을 품을 수도 있습니다."

사랑의 관계 만들기

"우리는 노골적으로 적대적이지는 않습니다. 하지만 사랑의 관계가 아닌 건 분명합니다. 톰은 두 달쯤 전에 결혼했습니다. 그 일을 계기로 우리가 좀 더 가까워질 수 있을지 모르겠습니다."

"동생의 주된 사랑의 언어가 무엇인지 아십니까?" 내가 물었다. 스티브는 사랑의 언어에 대해 전혀 들어 보지 못했기에 내 말의 뜻을 이해하지 못했다.

나는 사랑의 언어를 설명하고 자신에게 가장 깊이 다가오는 주된 사랑의 언어가 있다고 말했다. "관계를 개선하는 가장 강력한 방법은 사랑입니다."

스티브가 말했다. "동생의 주된 사랑의 언어를 어떻게 발견할 수 있을까요? 우리는 그리 자주 만나지 않거든요."

나는 스티브에게 동생에 대해 몇 가지 질문을 했지만 그의 대답만으로는 동생의 사랑의 언어가 무엇인지 알 수 없었다. 그래서 나는 톰이 최근에 결혼했으니 동생 부부에게 『5가지 사랑의 언어』를 주는 게 어떠냐고 말했다. 그 책은 부부의 사랑을 유지하는 법에 초점을 맞추고 있으니 적절한 선물이었다.

"그 책을 선물하는 데는 두 가지 이점이 있습니다. 첫째, 동생 내외가 그 책을 읽는다면 두 사람의 부부 관계가 좋아질 겁니다. 둘째, 책을 주고 석 달 후 제수씨에게 남편의 주된 사랑의 언어가 무엇인지 물어볼 수 있습니다." 나는 톰의 주된 사랑의 언어를 발견하는 정보원으로는 그의 아내가 제격이라고 말했다. 일단 그 정보를 알아내면 톰에게 사랑을 표현할 방법을 찾을 준비가 되는 셈이었다. 나는 스티브에게 동생의 주된 사랑의 언어로 말하기 시작하면 두 형제의 관계가 달라질 거라고 말했다.

첫걸음 내딛기

그로부터 6개월 후 스티브를 다시 만났을 때 그는 이렇게 말문을 열었다. "동생의 주된 사랑의 언어를 발견했습니다. 하지만 그걸 어떻게 표현할지 방법을 모르겠습니다."

"동생의 사랑의 언어가 무엇인가요?" 내가 물었다.

"봉사입니다. 제수씨 말이 봉사가 주된 사랑의 언어라는 데 부부가 합의했다는군요. 하지만 저는 톰을 자주 보지도 못하는데 어떻게 그 애를 위해 봉사할 수 있을까요?"

"'천 리 길도 한 걸음부터'라고 했습니다."

"속담 아닙니까?" 스티브가 말했다.

"좋은 속담입니다. 한번 실천해 보시겠습니까?"

"물론입니다. 그 한 걸음이 뭔지 말씀해 주신다면요."

동생의 생활 방식과 관심사에 대해 잠깐 대화를 나눈 후 우리는 스티브가 주말에 동생의 개를 맡아 주면 신혼인 동생 부부가 여행을 떠날 수 있을 거라는 데 동의했다. 그것은 스티브 쪽에서는 정말 봉사일 것이고 동생은 고맙게 여길 제안이었다. 그리고 신혼인 동생 내외가 자연스럽게 받아들일 수 있을 제안이었다. 스티브와 동생의 사이가 그리 가깝지 않다고 해도 형이 그렇게 해주는 건 자연스러운 일이었다. 스티브는 "한번 해보겠습니다."라고 말했고 우리는 헤어졌다.

두 달쯤 후 나는 스티브를 다시 만났다. 이번에 그는 이렇게 말했다. "3주 후에 동생의 개를 봐주기로 했습니다."

"그러니까 동생이 제안을 받아들이셨군요."

"네, 제가 그렇게 하겠다고 하니 정말 고마워하는 것 같았습니다."

"좋습니다, 제대로 되고 있군요."

"하지만 제가 동생 개를 얼마나 자주 봐줄 수 있을까요? 그리고 그 일이 정말 우리 관계에 도움이 될까요?"

개 산책시키기, 테라스 교체…

"동생의 주된 사랑의 언어가 봉사임을 기억하십시오. 당신이 한 가지 봉사를 할 때마다 동생의 사랑의 탱크에 사랑이 담기게 됩니다. 동생의 사랑의 탱크가 채워지기 시작하면 사랑을 붓는 사람에게 끌리게 됩니다. 그러니까 1년에 한 번 개를 봐준다면, 그건 그의 사랑의 탱크에다 1ℓ의 사랑을 붓는 것과 같습니다. 동생 내외가 1년에 주말을 두세 번 쓴다면 2-3ℓ의 사랑을 부어 줄 수 있는 셈입니다."

"그 외에 제가 뭘 할 수 있을까요?"

"제수씨에게 도움이 필요한 일이 생기면 기꺼이 돕고 싶으니 전화를 달라고 말씀하세요. 그리고 느긋하게 전화를 기다리세요."

"아주 쉽게 말씀하시는군요."

내가 말했다. "실제로 일을 돕기 시작하면 쉽지 않을 겁니다." 나는 한 달이 채 지나기 전에 스티브가 동생의 테라스 교체를 도왔다는 얘기를 들었다. 그리고 그해가 가기 전, 동생이 입원해 있는 동안 동생네 집 마당 잔디를 두 번 깎았고, 주말에 세 번 개를 봐줬고, 동생이 가꾸는 꽃밭의 축대 벽 세우는 걸 도왔고, 정원에서 노랑 데이지 꽃을 파내어 동생의 정원에 옮겨 심었다.

스티브가 말했다. "제가 올 한 해 동생과 보낸 시간이 지난 15년보다 더 많습니다. 우리가 다시 가까워지는 기분입니다. 과거에 대해 허심탄회하게 얘기해 본 적은 없지만, 우리 둘 다 좀 더 성숙해지고 어른으로서 서로를 대하게 되는 것 같습니다."

다음 단계로 넘어갈 준비

"다음 단계로 넘어갈 준비가 되셨습니까?"

"다음 단계가 있나요?"

"동생 내외를 식사에 초대하십시오. 그렇게 하려면 여자 친구의 도움이 필요할지도 모르겠습니다."

"제 여자 친구는 요리를 잘합니다. 그건 할 수 있겠어요." 그의 눈이 방금 새 장난감을 발견한 아이의 눈처럼 환해졌다. "동생은 우리 집에 와본 적이 없습니다."

"또 다른 제안을 하나 하지요. 동생이 스포츠를 좋아하나요?"

"자동차 경주 팬입니다. 하지만 자주 가지는 않아요. 입장료가 너무 비싸서 텔레비전으로 본다더군요."

"그럼 입장권을 네 장 사서 동생을 경기장에 데려가십시오."

"왜 네 장인가요?"

"동생 내외, 당신과 여자 친구, 이렇게 넷이잖아요."

"제수씨는 자동차 경기장에 절대 안 갈 겁니다. 제 여자 친구도 안 갈 것 같아요."

"그럼 두 장만 사세요. 형제가 종일 같이 시간을 보내는 겁니다. 한

번 생각해 보세요."

"그거 정말 새로운 차원이 되겠군요."

스티브와 이 모든 대화를 나눈 게 4년 전의 일이다. 그와 동생 사이에는 이제 따뜻하고 친밀한 사랑이 있다. 스티브에게는 새로운 여자 친구가 생겼고 결혼을 심각하게 고려하고 있다. 내가 말했다. "결혼 전에 그녀의 주된 사랑의 언어를 구사하는 법을 배우세요."

"벌써 하고 있습니다." 그가 씩 웃으며 말했다.

스티브는 걸림돌을 제거하고 가족들을 가까이 이어 주는 사랑의 힘을 잘 보여 주었다. 가족끼리는 당연히 서로 보살펴야 한다. 가정에서 서로의 주된 사랑의 언어를 배우고 실천할 때 그 일이 실현된다.

생각할 질문　　　　　　　　　　　　　　　　QUESTIONS TO PONDER

1. 가족의 이름을 적어 보라. 당신은 가족들에게서 얼마나 사랑받았다고 느끼는가? 0-10까지 중 점수를 매겨 보라. (0은 사랑받지 못했다, 5는 어느 정도 사랑을 받았다, 10은 큰 사랑을 받았다.)

2. 각 사람에 대해 그런 점수를 준 이유가 무엇인가? 당신은 어떤 일을 통해 사랑을 느끼는가?

3. 가족 구성원 각각의 주된 사랑의 언어는 무엇이라고 생각하는가?

4. 자신이 가족들의 주된 사랑의 언어를 얼마나 효과적으로 구사했다고 생각하는가? 각 가족의 이름을 적고 0-10까지의 척도를 사용해 답해 보라. (0은 모른다, 5는 가끔 표현한다, 10은 일관되게 사랑의 언어를 구사한다.)

5. 다음 쪽에 실린 표를 이용해 앞으로 몇 주 동안 가족들에게 더욱 효과적으로 사랑을 표현하기 위한 전략을 세워 보라.

How to Say "I Love You" to My Family

아래에 가족의 이름과 그의 사랑의 언어를 쓰라.
그다음 그들에게 사랑을 보여 줄 몇 가지 방법을 적으라.
이번 장에서 소개된 방법들을 생각해 보라.

이름 _____   사랑의 언어 _____

내 사랑의 반응
_____
_____
_____
_____

이름 _____   사랑의 언어 _____

내 사랑의 반응
_____
_____
_____
_____

이름 _____   사랑의 언어 _____

내 사랑의 반응
_____
_____
_____
_____

10
사랑의 언어와 연애 관계

THE FIVE LOVE
LANGUAGES
FOR SINGLES

나는 연애를 포기한 싱글들을 만나 보았다. 그들은 연애가 상심과 욕구 불만, 오해, 말 못할 골칫거리로 가득한, 한마디로 불쾌한 일임을 경험한 사람들이다. 그런가 하면 연애를 안 한다는 생각 자체를 부자연스럽게 여기는 사람들도 있다. 어떤 생각이 맞는 것일까?

우선 연애가 모든 문화권에서 보편적 관습은 아님을 얘기해야겠다. 많은 문화권에서는 목적을 막론하고 남녀가 계속해서 만나는 일을 금기시하고 있다. 이런 문화권에서는 많이들 안정된 결혼 생활을 한다. 그러므로 연애가 결혼을 위한 필수 과정이라고 볼 수는 없다.

하지만 현실적으로 볼 때 연애가 서구 문화의 아주 중요한 부분을 차지한다는 사실은 인정해야 한다. 연애가 미국이 선호하는 부족적 관습이라고 말한 사람들도 있었다. 연애결혼 체계에 허점이 있다고 해서 연애 자체가 악하다고 말할 수는 없다. 어쩌면 그것은 우리 사회 전체에서 가장 건전한 사회 체계 중 하나일지도 모른다.

왜 연애를 할까?

연애의 목적은 무엇일까? 많은 싱글이 연애에서 실패하는 이유는 그 목적을 분명히 이해하지 못했기 때문이다. 싱글에게 "왜 연애를 합니까?"라고 물으면 그 대답은 "즐거운 시간을 보내기 위해서"부터 "배우자를 찾기 위해서"까지 다양할 것이다. 우리는 연애의 종착점이 대부분 결혼이 된다는 걸 알지만, 연애의 다른 구체적 목적들에 대해서는 분명히 알지 못한다. 그래서 아래에 몇 가지를 제시해 보았는데 연애를 하는 자신의 목적을 생각해 보고 여기에 추가해 보길 바란다.

이성과의 온전한 상호 작용을 배움

연애의 첫 번째 목적은 자신과 성별이 다른 사람들을 만나 그들과 인격적 관계를 맺는 법을 배우는 것이다. 세상 사람의 반은 남성이고 반은 여성이다. 내가 "성별이 다른 절반의 사람들"과 온전한 관계를 맺는 기술을 배우지 못한다면 내 관계의 지평은 매우 제한될 수밖에 없다.

하나님은 우리를 남자와 여자로 만드셨고 우리가 하나님의 형상을 공유한 동등한 피조물로 서로를 대하기 원하신다. 남녀 간의 차이점은 크지만 기본적인 필요는 같다. 인생의 가장 고귀한 소명은 다른 사람을 섬기는 것이다. 그렇게 하기 위해서는 남녀 모두를 알아야 한다. 모종의 사회적 상호 작용 없이는 인간관계가 만들어지지 않는다. 서구 문화에서는 연애가 그런 상호 작용의 장이 된다.

그런데 우리는 이성을 인격체로 대하는 게 아니라 성적 대상으로 보도록 길들었다. 바로 이것이 문제다. 거의 50년 전 심리학자 에리히 프롬은 이렇게 썼다. "우리 문화에서 사람들이 누군가를 지칭하며 사랑스럽다고 말할 때는 그가 인기와 함께 성적 매력도 있다는 뜻이다."[1] 이성을 성적 대상으로 여기는 이러한 인식은 텔레비전 프로그램 편성, 영화, 인터넷의 급속한 확산으로 우리 생각 깊숙한 곳까지 스며들었다.

일부 싱글 여성의 경우, 말은 그렇게 안 하지만 생활 방식의 목표가 만나는 남성들의 "눈길을 끄는" 것이다. 그리고 많은 싱글 남성은 기꺼이 그녀에게 눈길을 준다. 거기서 더 나아가 도색 잡지를 만들거나 구매하는 이들은 이성에 대한 비인격적이고 파편적 인식에 중독되어 있다고 볼 수 있다. 이런 식의 인식이 고정된 사람은 더 이상 진정한 의미의 인간이라 볼 수 없다. 그는 장난감을 갖고 놀거나 스스로 누군가의 장난감이 되는 동물처럼 살아간다.

사람, 성격, 철학을 배움

연애는 이러한 인식을 허물고 이성을 대상물이 아니라 인간으로 보는 법을 배울 기회가 된다. 우리는 연애를 통해 사람들의 이름, 성격, 철학을 알게 된다. 그것들은 사람의 특성들이다. 이름은 우리가 유일무이한 사람임을 말해 준다. 성격은 우리의 독특성을 밝혀 주고, 철학은 우리가 어떤 가치를 따라 살아가는지 보여 준다. 이 모든 것은 멀찍이 물러서서 상대방을 대상물로 바라볼 때가 아니라 가까이 다가가 함께 어울리기 시작할 때 발견할 수 있다.

우리가 여성이나 남성 모두에게 부모가 있음을 알게 되는 것도 연애를 통해서다. 유명하건 유명하지 않건, 살아 계시건 돌아가셨건 부모님은 우리에게 영향을 끼쳤고, 지금 우리의 모습은 그분들에게 많은 영향을 받았다. 알렉스 헤일리의 책 『뿌리』와 원작을 토대로 만들어진 텔레비전 미니시리즈가 인기를 끈 것은 우리 모두 과거와 연결되어 있다는 증거다. 연애 관계에서 우리는 이러한 뿌리를 파헤칠 잠재력을 갖게 된다. 모든 사람은 개인적으로 일어난 일들의 영향을 받았다. 그리고 연인들은 이 개인사를 나누게 된다.

연애가 왜 중요할까? 연애는 다른 사람과 인간 대 인간으로 관계를 맺는 방법이 되기 때문이다. 사회는 우리가 자기 세계에 갇혀 살도록 몰아댄다. 고립된 우리는 점점 더 심한 외로움, 공허감, 절망에 빠진다. 그러나 이러한 고립 상태에 영원히 갇혀 있을 필요는 없다. 연애는 고립 상태를 부수고 나와 다른 사람과 관계를 맺는 용인된 방법이다.

수줍음이 많고 내성적인 싱글인 제니는 고등학교 때 데이트를 하지 않았다. 대학을 다니며 두 번 데이트를 해본 것이 전부였다. 대학을 졸업하고 첫 번째 직장을 잡은 후, 그녀는 동네 교회의 청년부 모임에 참석하기 시작했다. 그러다 보니 소모임 사람들과 함께 디저트를 먹으러 나갈 기회가 생겼고 그 과정에서 브렌트를 알게 되었다.

제니는 그와 사귄 지 석 달쯤 되었을 때 내게 이렇게 말했다. "왜 그렇게 오랫동안 연애를 망설여 왔는지 모르겠어요. 다른 사람을 조금씩 알아 가고 나를 알려 주는 건 정말 기분 좋은 일이에요." 제니는 사람들을 인격체로 알아 가는 일의 첫 거보를 내디딘 것이다.

자신의 강점과 약점을 보게 됨

연애의 두 번째 목적은 자신의 인격을 개발하는 데 도움을 받는 것이다. 우리 모두 그 과정 안에 있다. 누군가는 우리 모두 목에다 "건설 중"이라는 푯말을 걸고 다녀야 한다고 말했다.

다른 사람을 사귀다 보면 우리의 여러 가지 특성이 드러나는 것을 보게 된다. 그렇게 되면 건전한 자기 분석을 하게 되고, 자신을 더욱 잘 이해하게 된다. 또한, 자신에게 바람직한 특성과 그렇지 못한 특성이 있음을 인식하게 되고, 강점과 약점을 보기에 이른다. 약점을 아는 것은 곧 성장을 향한 첫걸음이다.

우리 모두 성격상의 강점과 약점이 있다. 완벽한 사람은 없다. 성숙함은 흠이 없는 상태를 말하는 게 아니다. 그러나 자신의 현재 상태에 만족해서는 안 된다. 지나치게 소심한 사람은 다른 사람들을 자발적으로 도울 수 없고, 지나치게 말이 많은 사람은 돕고자 하는 사람을 질리게 만들 수 있다. 연애를 통해 이성을 사귀는 것은 자신을 객관적으로 보고 성장할 수 있는 기회다.

오래전 아주 말이 많은 청년이 이렇게 말했다. "샐리를 사귀기 전까지는 제가 얼마나 밉살스러운지 몰랐어요. 샐리가 쉬지 않고 이야기를 하는데 정말 돌아 버리겠어요." 빛이 비쳤다. 그의 눈이 열린 것이다. 그는 샐리에게서 자신의 약점을 보았고, 성장을 향한 발걸음을 내딛는 성숙한 모습을 보여 주었다.

그에게 그 발걸음은 말하는 것을 자제하고 남의 말을 경청하는 기술을 익히는 것이다. 그것은 기독교회의 사도 중 한 명이 1세기에 적어 놓은 처방이기도 하다. "내 사랑하는 형제들아 너희가 알지니 사람마다 듣기는 속히 하고 말하기는 더디 하며 성내기도 더디 하라"(약 1:19). 우리가 싫어하는 다른 사람의 모습이 바로 우리 자신의 약점인 경우가 많다. 연애는 우리 자신을 현실적으로 보는 데 도움이 될 수 있다.

우리의 약점을 바꾸는 일은 생각처럼 쉽지 않다. 앞에서 소개했던 제니는 자신의 수줍음이 사람들과 관계를 맺는 데 방해가 된다는 걸 깨달았다. 대학 졸업 후 그녀는 상담을 받았고 이를 통해 올바른 방향으로 나갈 수 있는 깨달음과 격려를 얻었다. 그녀가 취한 첫 번째 조치는 인근 교회의 청년부 모임에 나가는 것이었다. 두 번째 조치는 용기를 내어 소모임 사람들과 함께 디저트를 먹으러 가는 것이었다. 제니에게 무엇보다 어려웠던 일은 소모임 안에서 자기 생각을 이야기하고 자기 자신과 대학 생활, 현재 직업을 소개하는 일이었다.

그녀가 용기를 내어 브렌트에게 저녁을 같이 먹자고 얘기하기까지는 6개월 정도가 걸렸다. 그리고 그 일이 계기가 되어 두 사람은 교제를 시작하게 되었다.

제니는 브렌트와 사귀면서 그가 믿을 수 있는 사람이라고 느꼈다. 그녀는 상담자의 격려에 힘입어 브렌트에게 자신의 과거를 이야기하기 시작했다. 브렌트가 관심을 갖고 경청했기 때문에 그녀는 계속할 수 있었다. 초기 단계에 상담자는 저녁에 브렌트에게 할 이야기와 그에게 물어볼 질문을 적어 보라고 했다. 할 말을 미리 적으니 실행에 옮길 수 있는 용기가 생겼다. 변화에는 노력이 필요하다. 그러나 그것은 충분히 가치 있는 노력이다.

다른 사람을 섬기는 연습

연애의 세 번째 목적은 다른 사람을 섬길 기회를 갖는 것이다. 섬김은 인생의 가장 고귀한 소명이다. 인간이 할 수 있는 가장 큰 공헌이 다른 사람들에게 뭔가를 주는 일임을 발견한 남녀들의 사례가 역사에 가득하다. 마더 테레사를 모르는 사람이 누가 있을까? 그녀의 이름은 섬김과 동의어다. 아프리카에는 알베르트 슈바이처가, 인도에는 모한다스 간디가 있었다.

1세기 기독교 신앙의 창시자 나사렛 예수의 생애를 자세히 연구한 사람들 대부분은 제자들의 발을 씻겨 준 단순한 행위로 그의 생애를 요약할 수 있다는 데 동의한다. 예수님은 이렇게 말씀하셨다. "인자가 온 것은 섬김을 받으려 함이 아니라 도리어 섬기려 하고 자기 목숨을 많은 사람의 대속물로 주려 함이니라"(마 20:28). 그는 추종자들에게 이렇게 가르치셨다. "너희 중에는 그렇지 않아야 하나니 너희 중에 누구든지 크고자 하는 자는 너희를 섬기는 자가 되고"(마 20:26). 진정한 위대성은 섬김으로 나타난다.

그러나 "내 팔자야. 내가 아니면 누가 이 사람을 돌봐 주겠어.", "내가 이 사람을 섬기면 이 사람도 나를 좋아하겠지."라는 순교자 정신으로 연애하라는 말은 아니다. 섬김은 순교와 다르다. 섬김으로 우리는 봉사자가 되지만 순교로는 피해자가 된다.

연애는 양방향 도로다. 우리는 연애를 하면서 무언가를 얻는다. 하지만 연애 상대의 삶에도 도움이 되어야 한다. 우리가 섬김을 연애의 목적 중 하나로 본다면 헤아릴 수 없는 유익을 얻게 된다. 연인이 지혜로운 질문으로 이끌어 주면 소심한 남성들이 "자신을 드러낼" 것이고, 사랑으로 진실을 말해 주면 허풍쟁이들이 안정을 찾을 것이다.

연애를 섬김의 진정한 기회로 삼으면 그에 대한 태도도 달라질 것이다. 지금까지 당신은 상대방에게 좋은 인상을 주기 위해 "좋은 모습만 보여 주는" 훈련을 받아 왔다. 결국, 상대방이 멀어질까 두려워 상대의 약점을 말하기를 주저했을 것이다. 그러나 진정한 섬김이 되려면 사랑으로 진실을 말해야 한다. 상대의 약점을 모른 척하면서 그를 섬길 수는 없다.

경청함으로 섬김

연인의 약점을 지적하는 것이 섬김의 전부는 아니다. 그들의 고민을 들어 주는 것만으로도 도움이 되는 경우가 많다. 사려 깊은 경청은 상처받은 마음을 낫게 하는 훌륭한 약이다.

짐과 사귀고 있던 트리시아의 아버지가 심장마비로 세상을 떠났다. 두 사람은 사귄 지 몇 주 되지 않았지만 짐은 자신이 곁에 있어 주길 트리시아가 원한다고 느꼈다. 그래서 그는 트리시아의 가족과 함께 장례 예배에도 참석했고 장지까지도 따라갔다. 그리고 그다음 몇 주 동안 트리시아에게 아버지에 대해 자주 질문했고 그녀가 자유롭게 얘기할 수 있도록 해주었다.

짐의 행동은 트리시아가 아버지를 잃은 슬픔을 이겨 내도록 도왔다. 그것은 트리시아에게 이루 말할 수 없는 큰 도움이 되었다. 두 사람이 사귀고 있지 않았다면 그는 그런 섬김의 기회를 얻지 못했을 것이다.

결혼할 사람을 발견함

연애의 또 다른 명백한 목적은 결혼할 사람을 발견하는 것이다. 앞에서 말했다시피, 일부 문화권에서는 중매를 통해 결혼이 성사된다. 가족과 가족이 계약서를 작성하고 사회적, 재정적, 종교적 고려에 따라 선택이 이루어진다. 두 사람이 결혼한 다음에 사랑하게 될 거라고 생각하는 것이다. 서구 문화에서는 그 과정이 결혼 당사자 두 사람의 몫이 된다. 솔직히 나는 이 방식이 더 낫다고 생각한다. 연애는 우리의 결혼 상대자로 어떤 사람이 필요한지 현실적 감각을 갖도록 도와줄 수 있다.

성격이 다른 사람과 연애하게 되면 현명한 판단을 내릴 수 있는 기준을 갖게 된다. 연애 경험이 부족한 사람은 결혼 후 이런 생각에 시달릴 수 있다. '다른 남자(여자)는 어떨까? 다른 유형의 사람과 더 나은 결혼 생활을 할 수 있지 않았을까?' 이런 생각은 모든 부부에게 찾아올 수 있다. 특히 결혼 생활에 어려움이 닥쳤을 때 더욱 그렇다. 그러나 결혼 전에 많은 이성을 접해 본 사람은 그 질문에 대답할 수 있다. 그는 모든 사람이 불완전하다는 것을 경험적으로 알기 때문에 환상의 세계를 만들어 낼 가능성이 낮다.

앞으로 50년 동안 조화롭고 만족스러운 삶을 함께 살아갈 사람을 찾는 것보다 더 어려운 일이 어디 있겠는가? 변수가 너무 많다. 고전적 견해는 정반대의 성격이 끌린다는 것이다. 그 말에도 일리는 있지만 정반대끼리는 밀쳐 낼 수도 있다. 많은 커플이 결혼 전에는 서로에게 더없이 매력을 느끼다가 결혼 후에는 환멸을 느끼지 않는가! 현실에서는 부부가 비슷할수록 갈등이 적다. 가치관, 신앙, 도덕, 자녀를 가질 것인가 말 것인가, 가진다면 몇 명이나 가질 것인가, 직업적 목표 등 삶의 커다란 문제들에서는 유사성이 특히 중요하다. 연애는 이런 질문에 대한 답을 모색하고 결혼하면 잘 살 수 있을지를 파악할 기회가 된다.

사랑의 언어

이 지점까지 연애 과정을 다루면서 사랑을 고려하지 않았다는 것을 알아챘지도 모르겠다. 그 이유는 어렵지 않다. 진정한 사랑은 지금까지 연애에 대해 말한 모든 생각과 잇닿아 있다. 사랑은 다른 사람들을 대상물로 여기지 않고 사람 대 사람으로 관계를 맺고, 세상에 유익을 끼치는 사람이 되도록 인격을 도야하고, 연인을 섬기고, 그 사람이 가진 잠재력을 발휘하도록 격려하는 동력이 된다. 배우자를 구하는 데 근본적 동인 역시 사랑이다. 사랑은 우리를 결혼으로 이끌되 성공적인 결혼으로 이끈다.

이것이 사실이라면, 연인이 느낄 수 있는 언어로 사랑을 표현하는 일은 참으로 중요해진다. 연인이 사랑받는다고 느낀다면 서로를 도울 수 있는 진실한 관계를 이룰 가능성이 훨씬 더 높아진다. 연인의 주된 사랑의 언어를 구사해 보라. 그러면 두 사람의 관계가 더욱 좋아질 것이다.

설렘을 넘어서—셸리와 닐

셸리와 닐은 대학에서 1학년 말에 만나 2년 반 정도 사귀어 왔다. 그들은 둘 다 4학년이 되어 대학원에 진학할 생각을 했고, 자신들의 관계에 대해서도 서로 진지하게 상의했다.

닐이 말했다. "우리가 뭔가를 잃어버린 것 같아요. 우리 관계는 언제나 좋았지만 지금은 흥분이 사라졌어요. 한때는 졸업 직후에 결혼할까도 생각했었지만 지금은 잘 모르겠어요. 시간이 괜찮으시면 찾아뵙고 말씀을 나누고 싶어요."

2주 후 셸리와 닐이 내 상담실로 찾아왔다. 한 시간 정도 그들의 이야기를 듣고 나니 두 사람은 오랫동안 관계를 이어 갈 만한 토대가 갖춰진 커플인 듯했다. 그러나 내 생각이 맞는지 확인하기 위해 그들에게 성격 검사를 받아 보는 게 어떻겠냐고 권했다. 검사표에 나와 있는 질문들에 각자 답을 표시하면 상담자가 점수에 따라 결과를 해석하는 것이었다. 닐과 셸리는 동의했다. 검사 결과를 받아 보니 그들은 안정된 결혼 생활에 필요한 기본 영역들에서 대단히 잘 어울린다는 사실이 드러났다.

이 정보를 확보한 나는 두 사람의 관계에서 벌어진 일에 관해 설명을 시도했다. 우선 "사랑에 빠진" 경험의 특징을 설명했다. 그것은 "설렘"으로 시작되고 장밋빛 안경을 통해 상대방이 완벽해 보이는 도취의 단계로 발전한다. 이것은 두 사람의 감정이 가장 고양됐던 경험이다. 나는 그 점을 상기시켰다. 그 상태는 영원히 지속하지 않으며 2년 이내에 사라진다는 것도 말해 주었다. 감정적 도취 상태에서 벗어나면 상대가 더욱 현실적으로 보이기 시작한다. 상대방의 강점뿐 아니라 약점도 보인다. 그리고 상대방이 완벽하지 않음을 깨닫는다. 이때가 바로 두 사람이 사랑이 식어 간다고 느끼는 시점이다.

이제 그들은 훨씬 더 계획적으로 행동해야 한다. "사랑에 빠진" 단계에서는 그다지 노력이 필요하지 않다. 사실 "사랑에 빠짐"은 의식적 선택이라 할 수 없다. 이때 우리가 하는 일은 훈련이나 의식적 노력의 결과가 아니다. 장시간의 비싼 전화 통화, 서로를 만나기 위해 지불한 교통비, 서로에게 준 선물, 서로를 위한 수고가 아깝지 않았다. 새가 본능에 따라 둥지를 짓는 것처럼 "사랑에 빠진" 사람은 본능에 따라 황홀감에 빠져 달려간다. 그러나 황홀감이 다하고 나면 자신의 행동에 대해 책임을 져야 한다. 이 시점에서 사랑은 선택이 된다.

5가지 사랑의 언어를 이해하는 일이 참으로 중요해지는 시점이 바로 여기다. 우리가 5가지 근본적인 사랑의 언어를 이해한다면, 그리고 사람들 모두 다른 사랑의 언어를 구사한다는 것을 알게 된다면, 연인에 대한 사랑을 더욱 계획적으로 표현할 수 있다. 그렇게 되면 황홀감과 왜곡된 생각이 사라진 후라 해도 상대방은 우리의 사랑을 계속 느낄 수 있다.

나는 셸리와 닐에게 지금이야말로 가치관과 도덕, 신앙, 직업적 목표, 결혼 등 두 사람의 관계에서 중요한 것들을 정직하게 살펴보기 좋은 때라고 말했다. 두 사람의 관계에 대해 내가 받은 느낌과 성격 검사표에 나타난 결과에 따르면 두 사람에게는 굳건한 결혼 관계를 이루는 데 필요한 공통점이 있다는 얘기도 했다.

"물론 두 분이 관계를 지속할지는 제가 판단할 문제가 아닙니다. 그건 두 분이 결정할 문제입니다. 하지만 제가 볼 때 두 분은 평생 관계를 이어 갈 만한 토대를 갖고 있습니다. 두 분이 서로의 주된 사랑의 언어를 발견하고 그것을 구사한다면 두 분의 관계에서 생기를 되찾을 수 있을 겁니다." 그들이 내가 하는 말에 공감한다는 것을 알 수 있었다.

석 달 후 그들이 내 사무실에 들렀다. 상담을 받기 위해서가 아니라 약혼 소식과 졸업 후 결혼할 계획이라는 걸 알려 주기 위해서였다. 닐이 말했다. "사랑의 언어가 저희에게 효과가 있었습니다. 우리 관계에 활력이 돌아왔고 우리는 결혼하고 싶습니다."

셸리가 덧붙였다. "박사님이 쓰신 『5가지 사랑의 언어』를 부모님께도 드렸어요. 두 분 사이에 활력이 찾아온 걸 봤어요. 저희에게 시간을 내주셔서 정말 감사해요."

내가 말했다. "청첩장 보내요. 시간 되면 갈 테니까."

결혼하느냐 마느냐

"사랑에 빠지는" 경험은 행복한 결혼 생활의 토대가 아니다. 결혼해서는 안 될 사람과 "사랑에 빠지는" 것도 충분히 가능하다. 사실 사귀는 사람마다 "설렘"을 느낄 것이다. 다른 사람과 같이 있고 싶게 만드는 것이 "설렘"이니 말이다. 사람을 만나다 보면 "설렘"이 금세 사라져 버려 본격적으로 사귀지 않고 관계가 끝나는 경우도 있다. 그러나 "설렘"이 소위 "사랑에 빠지는" 경험이라 부르는 감정적 도취 상태로 발전할 수도 있다.

어느 쪽이건 노력이나 생각은 필요하지 않다. 그냥 만났는데 감정이 덮친 것이다. 그러나 평생을 함께할 부부 관계에는 황홀한 도취 이상의 무엇이 필요하다.

진지하게 상의할 시간

우리는 황홀함에 눈이 멀어 인생의 근본적인 문제들에 대한 두 사람의 견해차를 간과해서는 안 된다. 내가 가치관, 도덕, 신앙, 사회적 관심사, 직업적 비전, 자녀를 갖는 문제 같은 것들을 강조한 이유도 이 때문이다. 황홀감에서 벗어난 뒤의 연애는 이런 문제들을 진지하게 상의할 기회가 된다. 이런 근본적인 문제들에 대한 견해차가 너무 크면 정중하게 인사하고 각자 제 갈 길을 가는 것이 현명할 것이다. 이 문제들을 무시하고 황홀감의 절정에서 결혼하는 것은 고통스럽고 어려운 결혼 생활로 자신을 몰아넣는 행위다.

샤론은 지혜롭게도 이 사실을 간파했다. 그녀와 약혼자 웨인은 한 콘퍼런스 기간 중 내게 저녁 식사를 대접했다. 대화를 나누는 중에 샤론은 『5가지 사랑의 언어』가 자신에게 너무나 큰 도움이 되었다고 말했다.

"웨인을 만나기 전에 1년 정도 다른 남자를 사귀었거든요. 그 사람은 정말 저를 사랑했어요. 저는 그와 '사랑에 빠졌던' 것 같아요. 하지만 웨인을 알게 되었을 때 그에게 뭔가 다른 점이 있음을 알게 되었어요. 감정적인 것은 아니었어요. 저는 그의 사람됨을 흠모했어요. 그의 성품과 지역 소년단에서 어려운 아이들과 함께 일하는 데 열성을 내는 모습이 존경스러웠지요.

그런데 우리가 사귀기 시작한 후 그에 대한 감정이 전 남자 친구의 경우와 달라 자꾸 신경이 쓰였어요. 웨인은 제가 결혼하고 싶은 사람이었는데 저에게는 남자 친구에 대한 감정이 여전히 강하게 남아 있는 것 같았거든요. 그러다 박사님이 쓰신 사랑의 언어에 대한 책을 읽게 되었어요. 어머니가 빌려 주셨죠. 부부를 위한 책이었지만 저에게 해당되는 것이었어요.

그 책을 다 읽고 나자 제 사랑의 언어가 스킨십이라는 것과 제게 남자 친구에 대한 감정이 아직도 남아 있는 이유를 알게 되었어요. 그는 스킨십을 잘하는 사람이었어요. 극장에서는 제 어깨에 팔을 둘러 주었고, 저와 어디를 갈 때마다 제 손을 잡았어요. 헤어질 때면 포옹과 키스를 잊지 않았고요. 하지만 웨인은 달랐어요. 적어도 그때는 저와 스킨십을 많이 하지 않았어요.

그는 우리 관계에서 스킨십이 핵심이 되는 걸 바라지 않아서 자제하고 있었던 것 같아요. 그래서 저는 그에게 감정적 친밀함을 느끼지 못했던 거고요. 제가 그것에 관해 얘기했더니 웨인은 스킨십을 자제하고 있는 이유를 설명했고 저는 우리가 서로를 더 잘 알 때까지 자제하려는 그의 노력을 이해하게 되었어요."

그녀가 웃으며 말했다. "물론 지금은 저를 잘 만져 줘요. 제 사랑의 탱크는 흘러넘치고 있어요."

웨인이 말했다. "저는 언제나 샤론을 만지고 싶었어요. 과거에 여자 친구가 있었는데 저와의 공통점이라곤 스킨십뿐이었어요. 샤론과는 그렇게 되고 싶진 않았어요. 저는 그녀를 알고 싶었고 우리가 서로에게 관심을 갖게 되길 바랐습니다."

공통적 믿음

샤론이 말했다. "웨인의 그 부분이 정말 마음에 들어요. 그를 알아 갈수록 그가 저의 이상형이라는 확신이 강해졌어요. 마침내 스킨십을 하게 되자 그가 평생토록 저를 안아 주고 키스해 주길 바라게 되었어요. 그래서 그의 청혼을 받아들였답니다."

행복한 결혼이 이루어지려면 사랑의 감정 위에 인생의 가치와 목표에 대한 공통적 믿음이 더해져야 한다. 서로의 주된 사랑의 언어로 말하면 이러한 믿음을 드러낼 수 있는 정서적 분위기가 만들어진다.

생각할 질문   QUESTIONS TO PONDER

당신의 현재와 과거의 연애 관계에 대해 생각하면서 다음 질문에 답해 보라.

1. 나는 상대방을 인격적으로 대우했는가? 그를 성적 대상으로 취급하지는 않았는가?

2. 나는 상대방의 성격, 개인사, 가치관, 도덕, 종교에 대해 어느 정도나 이해했는가?

3. 이 관계 안에서 나는 나 자신에 대해 얼마나 알게 되었는가?

4. 나는 좋은 면에서 어떻게 바뀌었는가?

5. 나는 어떤 식으로 연인을 도왔는가?

6. 나는 사려 깊은 경청과 약점을 지적하는 일을 잘했는가?

7. 나는 왜 그 사람과 결혼하기로 혹은 하지 않기로 결정했는가?

8. 나와 그 사람이 서로의 주된 사랑의 언어를 알았다면 둘의 관계가 달라졌겠는가?

11
사랑하면 결혼해야 하는가?

**THE FIVE LOVE
LANGUAGES
FOR SINGLES**

어느 토요일 아침 책상에 앉아 서류 정리를 하고 있던 나는 마크의 전화를 받았다. 우리는 30년 넘게 알고 지낸 사이였다. 나는 그의 자녀들의 결혼식에 참석했고, 5년 전 그의 아내가 세상을 떠났을 때는 장례식을 집전하기도 했다. 나는 마크의 슬픔과 고통을 함께했었다. 그런데 그날 그의 전화 목소리로 나는 뭔가 달라졌다는 느낌을 받았다. 내 느낌은 옳았다. 의례적인 안부를 묻고 난 뒤 그는 이렇게 말했다. "결혼 소식을 전하려고 전화했네."

나는 흥분해서 소리쳤다. "결혼? 언제?"

"성탄절에 할 걸세. 아이들과 손자들이 다 올 거야. 그래서 그때를 결혼식 날로 정했지."

"와, 축하하네! 정말 잘 됐어."

"자네가 결혼식에 와줬으면 하네. 그녀 쪽 교회에서 결혼식을 올릴 생각이고 그 교회 담임목사님이 주례를 맡으실 거야. 하지만 우리 둘

다 자네도 한 순서 맡았으면 하네."

"나야 영광이지."

나는 마크와의 통화를 끝낸 후 2층으로 올라가 아내에게 좋은 소식을 전했다. "이렇게 오래 기다린 게 신기할 따름이죠." 아내는 당연하다는 투로 말했다. 우리 부부는 마크가 3년 전부터 실비아와 사귀어 왔음을 알고 있었다. 실비아의 남편은 마크의 아내보다 두 달 먼저 세상을 떴다. 실비아는 신앙심이 깊고 지역 사회 활동에도 적극적으로 참여하는 여성이었다. 그녀와 마크는 공통점이 많았다.

캐롤린과 나는 두 사람의 사귐을 좋게 생각했다. 나이도 있고 과거 경험도 있었기 때문에 마크와 실비아 모두 혼전 상담의 필요성을 느끼지 않았다. 두 사람 다 첫 번째 결혼에서 행복했고 다시 결혼하면 더 행복할 거라고 생각하고 있었다.

마크가 다시 전화한 것은 그로부터 2년 후였다. 그의 목소리는 전보다 훨씬 어두웠다. "도움이 필요하네. 우리는 견해차가 심하고 잘 지낼 수 없을 것 같네. 다시 결혼한 게 실수였는지도 몰라. 우리 둘 다 그리 행복하지 못하다네."

그다음 석 달에 걸쳐 나는 마크와 실비아를 만났다. 자녀, 가구, 돈, 은퇴, 차량, 교회에 대한 수많은 갈등을 놓고 상담했다. 그러나 그들의 응어리진 갈등의 뿌리에는 비어 버린 사랑의 탱크가 있었다. 두 사람 모두 상대방의 사랑을 느끼지 못했다. 그들은 3년 넘게 사귀었기 때문에 식을 올렸을 때는 사랑에 빠진 도취의 시기가 지난 후였다. 그러나 두 사람은 공통점이 많았고 함께 있는 것이 즐거웠기에 문제 삼지 않았다. 그들은 사랑의 도취 상태가 영원하지 않음을 경험적으로 알고 있었다.

하지만 결혼하고 2년 후, 결혼 전에는 거의 드러나지 않았던 차이점들 때문에 불화가 생기기 시작했다. 사랑의 감정까지 말라 버려 갈등이 더해 갔다. 둘 다 성숙한 사람들이라 서로에게 고함을 지르지는 않았지만 상당한 좌절감을 안고 살아왔음을 인정했다.

"이해하지 못하는" 부지런한 남자

나는 실비아의 주된 사랑의 언어가 함께하는 시간임을 알게 되었다. 결혼 전에 마크는 그녀의 사랑의 언어를 유창하게 구사했다. 데이트할 때도 그녀에게 온전한 관심을 기울였다. 그녀는 "사랑에 빠진" 도취의 시기가 지난 후에도 그의 진심 어린 사랑을 느꼈다. 그러나 결혼 후, 실비아는 마크와 함께 사는 것이 연애 때와 딴판임을 알게 되었다. 마크는 한시도 가만히 있지 못했고 언제나 "할 일"로 바빴다. 잔디를 깎고, 관목을 다듬고, 낙엽을 쓸고, 세차를 하고, 벽에 페인트칠을 하고, 카펫을 갈아야 했다. 언제나 일거리가 그를 기다렸다.

실비아는 말했다. "그는 부지런한 사람이에요. 하지만 제게 낼 시간이 없다는 건 문제 아닌가요? 남편이 쓸데없는 일을 한다는 건 아니에요. 다 필요한 일이지요. 하지만 부부가 함께 시간을 보내지 않으면 그게 다 무슨 소용이 있어요?"

그러나 마크는 도무지 상황을 이해하지 못했다. "아내를 이해할 수 없네. 웬만한 여자라면 나 같은 남편을 둔 걸 기쁘게 생각할 거네. 어떻게 내가 그녀를 사랑하지 않는다고 말할 수 있지?"

나는 마크의 질문에 섣불리 대답하는 대신 다음 질문으로 대화의 방향을 바꾸었다. "자네는 실비아의 사랑을 얼마나 느끼나? 0점부터 10점 사이에서 점수를 매겨 보게."

그는 한동안 아무 말도 않고 있다가 말했다. "지금은 0점인 것 같네. 그녀가 날 위해 하는 일이라곤 비난이 전부야. 상황이 이렇게 될 줄은 몰랐네. 결혼 전 그녀는 언제나 긍정적이었어. 내가 그녀의 집 거실에 페인트칠을 하고 침실의 창문을 갈아 주었을 때 침이 마르도록 칭찬해 주었지. 지금은 우리 집에 똑같은 일을 하는데 아무 소용이 없나 봐."

마크의 주된 사랑의 언어는 인정하는 말인 것이 분명했다. 나는 설명 대신에 그들에게 『5가지 사랑의 언어』 한 권을 주고 이렇게 말했다. "두 분의 결혼에 대한 답이 이 책에 담겨 있습니다. 이 책을 꼼꼼하게 읽어 보십시오. 그리고 2주 후 두 사람 모두 서로에게 사랑을 느끼지 못한 이유를 제게 말해 주십시오." 두 사람 모두 내 해결책에 시큰둥한 눈치였지만 어쨌거나 책을 읽어 보겠다고 했다.

2주 후의 분위기는 선혀 딴판이었다. 그들은 웃으면서 사무실로 들어왔다. 실비아가 말했다. "이제 왜 박사님이 결혼 전 우리에게 이 책을 읽으라고 하셨는지 알겠어요. 그 말씀을 듣지 않았던 게 후회되는군요."

나는 "그러게 말입니다."라고 말하고 싶은 걸 꾹 참고 이렇게 말했다. "지난 2년을 다시 살 수는 없지만 전혀 다른 미래를 만들 수는 있습니다."

실비아의 사랑의 탱크 채우기

내가 마크에게 물었다. "그럼 실비아의 사랑의 언어는 무엇인가?"
"함께하는 시간일세. 두말할 것도 없지."
"그럼 자네의 사랑의 언어는 무엇인가?"
"인정하는 말이라네. 지난 2년 동안 아내에게 필요했던 건 소파에 앉아 함께 대화를 나누고, 시골 길을 드라이브하고, 저녁 식사 후에 산책하는 거였는데 나는 일만 하고 있었던 거야. 너무 바빠서 아내가 원하는 걸 할 시간이 없었지. 이제 내가 틀렸다는 걸 알았네. 내가 아내의 사랑의 언어로 말하지 않았기 때문에 그녀는 그녀가 할 수 있는 일을 한 거야. 불평이지. 물론 그건 내 마음에 비수처럼 꽂혔어. 그녀의 불평은 내게 큰 상처가 되었지."

실비아가 말했다. "이제 제가 뭘 했는지 알겠어요. 제 사랑의 탱크가 비어 있었던 거예요. 하지만 저는 그런 게 있는지도 몰랐어요. 그래서 저는 필요한 것들을 말로 표현했어요. 그게 저한테는 자연스러운 행동이었지요. 하지만 그것은 남편을 단죄하는 거였더군요. 남편이 하는 온갖 좋은 일을 인정하지 않고 제 필요를 채워 주지 않는다고 비난했어요. 우리 둘 다 서로에게 용서를 구했어요. 앞으로는 달라질 거예요."

마크가 말했다. "매주 하루 저녁은 데이트하기로 아내에게 약속했네. 매주 최소한 한 번, 어쩌면 두 번 정도 저녁 식사 후에 산책할 생각이네. 그리고 석 달에 한 번, 주말여행을 떠나기로 했지."

실비아가 말했다. "결혼 생활을 다시 시작하는 것 같아요. 이제야 서로 사랑하는 법을 알겠어요. 마크만큼 부지런한 사람은 본 적이 없어요. 이제부터는 남편의 그런 장점을 인정할 생각이에요."

마크, 실비아 부부와 이 대화를 나눈 것이 벌써 8년 전의 일이다. 최근에 실비아는 내게 "우리와 상담해 주신 것이 얼마나 고마운지 모르겠어요. 우리의 결혼을 구해 주신 것과 같아요."라고 했고, 마크는 "난 더할 수 없이 행복하다네."라고 말했다. 마크와 실비아는 위기 가운데서 연애 시절에는 배우지 못한 중요한 발견을 했다. 불행히도 그들은 수많은 사람과 똑같은 실수를 범했다. 결혼 후에도 별다른 노력 없이 사랑의 관계가 계속될 거라고 생각했던 것이다. 그들은 결혼 전에 자신들의 행동을 인식하지도 못한 채 서로의 사랑의 언어로 말했다. 연애 시절 마크가 실비아에게 함께하는 시간을 주기는 쉬웠다. 그때는 그녀가 관심의 초점이었으니 말이다. 실비아는 마크의 사랑을 느꼈으므로 인정하는 말을 하기가 쉬웠다.

연애결혼을 한 부부라면 결혼 후에도 배우자의 사랑의 언어로 계속 말해야 한다. 그렇게 하려면 물론 노력이 필요하지만 가치 있는 수고다. 결혼 생활과 연애 시절은 상황이 전혀 다르다는 것을 명심하라.

결혼하고 나서 실비아와 함께 살게 된 마크는 그녀에게 이런저런 일들이 중요할 거라고 생각하고 바삐 그 일들을 했다. 그러면서 그녀에게 가장 중요한 함께하는 시간을 놓쳐 버렸다. 실비아가 그에게 인정하는 말을 하지 않자 사랑의 탱크는 비어 버렸다. 사랑의 감정이 없어지자 그들의 차이점은 싸울 거리가 되었고 두 사람 모두 상대방과의 결혼이 현명한 선택이었는지 묻는 지경까지 이르렀다. 사랑의 본질을 끝내 이해하지 못했다면 그들의 결혼은 결국 파경을 맞고 말았을 것이다.

왜 결혼할까?

결혼: 미국인 대부분의 목표

그렇다면 이런 질문이 나올 수 있다. 결혼을 왜 하는가? 그토록 많은 혼인 서약이 이혼으로 끝나는 상황에서 왜 모험을 감수하는가? 답은 간단하다. 사랑하고 사랑받고 싶은 욕구 때문이다. 이혼, 동거, 미혼 출산이 증가하고 있지만 미국인 대부분은 결혼을 바란다. 최근의 한 조사에 따르면 93%의 "미국인이 '행복한 결혼 생활'을 가장 중요한 목표로 여긴다."[1]

그러나 이러한 욕구들이 있는 반면 현실적인 우려도 있다. 오늘날 대학생들의 태도에 대한 한 연구에서는 "그들은 한 번 결혼해 행복하게 살기를 원한다. 하지만 이것이 가능한지 확신하지 못한다."[2]라는 결론을 내렸다.

나는 대학생과 싱글들이 사랑의 본질과 사랑을 효과적으로 표현하는 법을 알게 된다면 그들이 원하는 "행복한 결혼 생활"을 할 수 있으리라고 확신한다. 따라서 나는 이 책을 읽는 모든 싱글에게 다음 세 가지를 꼭 권하고 싶다.

첫째, 이 원리들을 연애 관계에 적용하라. 둘째, 사랑에 빠지는 도취 상태가 신이 나긴 하지만 일시적인 것임을 인정하라. 셋째, 상대방의 주된 사랑의 언어로 사랑을 표현하는 의지를 보이라.

연인들이 이 세 가지를 실천하고 나면 삶의 다른 측면들을 살펴보고 결혼에 대한 현명한 결정을 내릴 수 있을 것이다.

7가지 공통 목적

그러나 "다른 측면들"을 살펴보기 전에 먼저 여유를 갖고 "결혼의 목적이 무엇인가?"를 물어야 한다. 친구들에게 그 질문을 해보면 열이면 열 대답이 다 다를 것이다. 내가 싱글들에게서 들은 답변은 대략 이렇다.

1. 함께할 사람
2. 섹스
3. 사랑
4. 자녀들에게 집을 제공
5. 사회적 인정

6. 경제적 이점

7. 안정

하지만 이런 목표들은 결혼하지 않아도 이룰 수 있는 것들 아닌가? 그렇다. 그러나 많은 연구 결과 기혼자들이 더 행복하고, 건강하고, 경제적으로도 여유가 있는 것으로 드러났다.[3] 그래도 결혼에는 위의 7가지 목적보다 더욱 중요한 목적이 있다.

중요한 목적

창조에 대한 성경의 오래된 기록에는 하나님이 아담에 대해 하신 말씀이 나와 있다. "남자가 혼자 있는 것이 좋지 않으니." 사람의 필요에 대한 하나님의 해답은 "그를 돕는 사람, 곧 그에게 알맞은 짝을 만들어 주겠다"(창 2:18, 표준새번역)는 것이었다.

"알맞은"에 해당하는 히브리어는 문자적으로 '마주 보는'이라는 뜻이다. 하나님이 남자가 마주 볼 수 있는 존재를 만드셨다는 것이다. 이것은 인간의 가장 깊은 갈망을 서로 채워 줌으로 두 사람이 하나로 연합하여 이루어 낸 깊고 인격적인 관계를 말한다.

결혼은 인간의 가장 깊은 필요에 대한 하나님의 해답이다. 그것은 다른 사람과의 연합이다. 창조에 대한 앞의 기록은 이어서 아담과 하와에 대해 "둘이 한 몸을 이룰지로다"(창 2:24)라고 말한다.

사람의 마음을 가만히 살펴보면 연결 또는 연합을 향한 욕구로 가득 차 있다. 나는 부부 관계가 모든 인간관계 중 가장 친밀한 것이 되어야 한다고 믿는다. 부부는 지적, 정서적, 사회적, 육체적, 영적으로 삶을 함께하되 두 사람이 "한 몸"이 되었다고 말할 수 있을 정도로 삶을 공유해야 한다. 이것은 부부가 개별성을 잃는다는 말이 아니라 깊은 연합을 이룬다는 뜻이다.

이러한 연합은 결혼에 따르는 진실하고 지속적 헌신 없이는 찾아오지 않는다. 결혼은 합법적 성관계를 위한 계약이 아니다. 결혼은 자녀를 돌보는 사회 제도만이 아니다. 결혼은 우리에게 필요한 정서적 지원을 제공하는 심리 진료소가 아니며, 사회적 지위나 경제적 안정을 얻기 위한 수단이 아니다. 사랑이나 함께함도 소중하지만, 이 두 가지를 얻는다고 해서 결혼의 궁극적 목적이 달성되는 것은 아니다.

결혼의 최종 목적은 가장 심오한 차원에서, 또 삶의 모든 영역에서 이루어지는 부부의 연합이다. 그것은 부부에게 가장 큰 성취감을 주는 동시에 하나님이 그들에게 두신 목적을 가장 잘 이루어 내는 길이다.

부부 연합의 본질

결혼의 목표가 삶의 모든 영역에서 이루어지는 두 사람의 깊은 연합이라면, 이 목표가 결혼을 고려하는 이들에게 어떤 의미가 있을까? 물론 결혼하는 것만으로 모든 부부가 이런 연합을 이루는 것은 아니다. "이어진 상태"와 "연합"은 다르다. 어느 시골 목사는 그것을 이렇게 표현했다. "고양이 두 마리의 꼬리를 묶어 놓고 울타리 앞뒤로 걸쳐 놓으면 둘을 이어 놓았다고 할 수 있다. ……하지만 그것은 연합이 아니다."

우리의 목표가 하나 됨이라면 결혼 전에 물어야 할 핵심 질문은 이것이다. "우리가 하나 될 수 있다고 믿는 근거가 무엇인가?" 삶의 지적, 사회적, 정서적, 육체적, 영적 영역을 살펴볼 때 우리는 무엇을 발견하는가? 그런 영역들에서 우리는 연합의 기초가 될 만한 충분한 공통점이 있는가? 적절한 기초 없이 집을 지어서는 안 되듯, 커플들도 기초를 살펴보기 전에 결혼해서는 안 된다.

이것이 실제적으로는 어떤 의미일까? 결혼을 생각하는 커플은 자신들을 제대로 알기 위해 삶의 기본 영역들을 하나씩 토의해 봐야 한다는 뜻이다. 나는 서로의 지적 관심사를 거의 알지 못하는 부부들을 많이 만나 보았다. 많은 사람이 상대방의 성격이나 정서적 기질에 대한 피상적 지식만 갖고 결혼한다. 신앙적, 도덕적 가치관은 중요하지 않다고 생각하고 그 부분은 거의 고려하지 않은 채 결혼하는 사람들도 있다. 친밀한 부부 관계를 원한다면 마땅히 기초를 검토해야 하지 않을까?

내 생각에 동의한다면 계속 읽기를 바란다. 이번 장의 나머지 부분은 결혼을 염두에 두고 상대방의 사랑의 언어로 말하려는 노력과 더불어 연애 관계의 기초를 평가하기 원하는 싱글을 위한 내용이기 때문이다.

지적 연합

지적 연합의 기초를 살피기 위한 몇 가지 구체적 방법이 있다. 데이트할 때 각자가 어떤 종류의 책을 즐겨 읽는지 이야기를 나눠 보라. 그렇게 하면 각자의 지적 관심사가 드러난다. 한쪽이 책을 전혀 읽지 않는다면 그것도 많은 것을 말해 준다. 신문을 꾸준히 읽는가? 어떤 잡지를 읽는가? 어떤 텔레비전 프로그램을 가장 즐겨 보는가? 인터넷에서 어떤 주제들을 검색하는가? 이 질문들에 대한 답은 상대방의 지적 관심사를 일정 부분 보여 줄 것이다.

학교 성적과 교육 정도도 고려해야 한다. 이것은 지적 관심사가 같아야 한다는 뜻이 아니라 비슷한 지적 수준에서 대화할 수 있어야 한다는 뜻이다. 많은 부부가 이 영역에서 서로를 출입 금지하고 있다. 서로를 이해할 수 없기 때문이다. 결혼 전에 이런 문제는 전혀 생각도 하지 않았던 것이다.

나는 지금 완벽해야 한다는 것이 아니라 기초를 말하고 있다. 두 사람에게는 성장의 기초가 될 만한 지적 공통점이 있는가? 이 질문에 대한 가장 좋은 답변은 "당장 몇 가지 성장 훈련을 시도하겠습니다."이다. 같은 책을 읽고 함께하는 시간을 보내며 그 개념을 놓고 이야기를 나눠 보라. 한 주에 한 번 신문이나 인터넷의 머리기사를 골라 그 가치와 의미를 놓고 대화를 나누라. 그렇게 하면 지적 연합에서 두 사람의 현재 상태와 앞으로의 성장 가능성에 대해 많은 것을 알게 될 것이다.

사회적 연합

우리는 사회적 동물이지만 사회적 관심사는 사람마다 다르다. 그 기초를 살피는 일은 각자의 몫이다. 그는 스포츠팬인가? 그는 매주 텔레비전 앞에서 얼마나 많은 시간을 보내는가? (결혼 후에 그가 달라질 거라고 생각하는가?) 당신은 어떤 음악을 좋아하는가? 오페라를 좋아하는가? 아니면 가스펠 송을 좋아하는가? 나는 한 젊은 부인의 이런 불평을 들은 적이 있다. "남편은 엉터리 같은 컨트리 뮤직과 서부 음악을 종일 틀어 놓고 싶어해요. 저는 그걸 참을 수가 없어요!" 결혼 전에는 그런 것들이 중요해 보이지 않았다. 왜 그럴까? "사랑에 빠진" 도취 상태였기 때문이 아닐까?

당신은 어떤 종류의 오락 활동을 즐기는가? "골프 과부"란 말을 들어 봤는가? 파티를 즐기는가? 그렇다면 어떤 파티를 즐기는가? 이런 질문에 대한 답은 반드시 들어야 한다.

"우리의 사회적 관심사가 같아야 하나요?"라고 묻는 사람도 있다. 아니다. 하지만 연합을 위한 기초는 있어야 한다. 두 사람에게는 함께 성장하기 위한 충분한 공통점이 있는가? 둘의 사회적 성장은 결혼 전에 시작되어야 한다. 그렇지 않으면 결혼 후에도 시작되지 못할 가능성이 높다. 새로운 것을 시도해 보라. 이전에는 재미를 알지 못했던 일들을 시작해 보라. 두 사람이 같은 일을 즐겁게 배울 수 있는지 확인해 보라. 지금 두 사람이 사회적으로 전혀 다른 방향으로 각자 가고 있다면 결혼의 목표가 연합임을 다시 한 번 기억하라. 그리고 이렇게 자문해 보라. "그가 지금의 사회적 관심사를 바꾸지 않는다면 남은 평생 그와 함께 사는 것이 행복할까?"

당신의 성격은 어떤가? 자신이 어떤 사람인지 한 단락으로 써볼 수 있겠는가? 그렇다면 한번 써보고 배우자가 될 사람도 똑같이 해보게 하라. 각자가 쓴 것을 함께 읽어 보고 각자의 자아상과 다른 사람들의 눈에 비치는 서로의 모습에 관해 이야기해 보라.

정반대의 성격끼리 끌린다고 한다. 사실이다. 그러나 정반대의 성향을 가진 사람들이 언제나 잘 지내는 것은 아니다. 두 사람이 팀을 이뤄 협력할 수 있을 정도로 서로를 잘 이해하는가? 당신의 성격이 그의 성격을 보완할 수 있는 것은 분명하지만 그가 그것을 원하는가?

두 사람이 사귀는 동안 서로 부딪힌 적이 있는가? 두 사람이 함께 산다고 생각할 때 어떤 부분에서 문제가 생길 수 있겠는가? 이런 문제들을 허심탄회하게 이야기하라. 결혼 전에 이런 문제들을 어느 정도 정리할 수 있을까? 그것이 해결되지 않는 문제로 남는다면 결혼 후에는 몇 배로 증폭할 것이다.

그렇다고 해서 두 사람의 성격이 같아야 한다는 뜻은 아니다. 같은 성격의 남녀가 만나면 자칫 지루한 결혼 생활이 이어질 수도 있다. 하지만 서로의 성격과 어떤 식으로 관계를 맺어야 할지에 대한 기본적 이해는 있어야 한다. 결혼이 성격상의 마찰을 해결해 주지는 않는다.

정서적 연합

"사랑에 빠진" 상태에서 느끼는 황홀감 때문에 많은 커플이 정서적으로 진정한 친밀함을 이루었다고 생각한다. 어떤 싱글은 이렇게 말했다. "이것이 우리 관계에서 가장 강한 부분이에요. 우리는 정서적으로 연결되어 있다고요." 그러나 황홀감이 잦아들면서 두 사람의 정서적 친밀함의 기초가 대단히 허약함을 발견하는 커플들도 있다. 그들은 소외감과 거리감을 경험한다. "6개월 전에는 그와 그토록 가깝게 느껴졌는데 지금은 전혀 모르는 사람 같아요." 최근 한 새 신부가 털어놓은 말이다.

정서적 친밀함이란 무엇일까? 서로 연결되어 있다는 강한 느낌이다. 상대방의 사랑과 존중과 인정을 느끼면서 나도 상대를 똑같이 대하고 싶은 마음이다. 사랑받는 느낌은 상대방이 나의 행복을 정말 바라고 있다고 느낄 때 찾아온다. 존중은 연인이 나의 됨됨이, 지성, 능력, 성격을 좋아한다는 느낌과 이어져 있다. 인정은 상대방이 나의 역할을 소중하게 여긴다는 느낌이다. 정서적 연합의 이 세 요소를 자세히 살펴보자.

진정한 사랑의 증거는 서로의 주된 사랑의 언어를 한결같이 구사하는 것이다. 이 책을 통해 그것의 개념을 알고 서로의 "사랑의 언어"를 발견한 후에 두 사람은 그것을 얼마나 유창하게 구사하고 있는가? 당신과 상대방은 서로의 사랑의 언어로 말하려고 얼마나 노력하는가?

존중은 이러한 태도와 함께 시작된다. "당신이 대단히 가치 있는 존재임을 인정한다. 하나님은 당신에게 특정한 능력과 감정을 주셨다. 그러므로 나는 당신을 있는 그대로 존중한다. 나는 당신의 지성, 판단, 논리에 대해 비판의 말을 함으로써 당신의 가치를 모독하지 않겠다. 나는 당신을 이해하고, 나와 다른 방식으로 생각하고 내가 느끼지 못하는 감정을 느낄 자유가 있음을 인정하겠다."

존중은 상대방이 별개의 사람이 될 수 있는 자유를 준다는 뜻이다. 그런데 결혼을 고려하고 있는 사람이 당신을 존중하는가? 상대방이 당신의 생각, 감정, 꿈을 대하는 방식을 보면 그것을 알 수 있다.

정서적 연합의 세 번째 요소는 상대방의 인정이다. 우리가 연인에게 감사하는 것은 상대방의 소중함을 인정하기 때문이다. 우리는 서로에게 이로운 방식으로 각자의 에너지와 능력을 사용한다. 연인이 서로의 노력을 인식하고 인정해 주면 두 사람의 정서적 친밀감이 높아진다.

이러한 인정은 흔히 칭찬으로 표현된다. "늦을 거라고 미리 전화해 줘서 고마워. 내 생각을 해줬다는 게 내게는 큰 의미가 있어.", "식사에 초대해 줘서 고마워. 이렇게 식사를 준비하려면 얼마나 많은 시간과 노력이 드는지 잘 알아. 여러모로 수고한 것에 진심으로 고맙다고 말하고 싶어. 음식 정말 맛있어." 이런 말들은 상대방에게 고마움을 전해 준다. 사려 깊은 행동들을 서로가 몰라준다면 섭섭함을 느끼게 될 것이고, 두 사람 사이에 거리감이 생길 것이다.

상대방의 능력을 인정하는 것도 가치 있는 일이다. "당신의 노랫소리가 듣기 좋아요. 재능이 있는데요." 상대의 성격도 인정할 수 있다. "당신의 긍정적 마음가짐이 정말 고마워요. 어젯밤 데이트를 취소하게 되어 크게 실망했을 텐데 이해한다고 말해 줘서 마음이 한결 가벼웠어요." 인정을 위해서는 집중이 필요하다. 먼저 상대방의 행동과 말, 태도, 성격을 잘 관찰해야 그 이후 적극적으로 고마움을 표현할 수 있다.

두 사람 사이에 진정한 사랑, 존중, 인정이 있다면 정서적 연합을 경험할 것이다. 결혼 전에 이 세 가지 요소에 관해 이야기를 나누라. 어떻게 하면 상대방의 사랑과 존중과 인정이 느껴지는지 함께 이야기하라.[4] 결혼 전에 이 정서적 연합을 어느 정도 이루는가에 따라 결혼 후 친밀함의 정도가 달라진다.

영적 연합

교회에 정기적으로 출석하는 커플들도 결혼을 위한 영적 기초를 제일 소홀히 여기는 경우가 많다. 많은 부부는 바로 이 영역에서 하나가 되지 못해 실망한다. 한 부인은 "우리는 같이 기도하지 않아요."라고 말했다. 또 다른 부인은 "우리는 따로따로 교회 활동을 하는 것 같아요. 함께 앉아 있어도 서로의 경험을 이야기하지 않아요."라고 말했다. 우리는 결혼 안의 연합을 원하지만 오히려 고립만 심해진다.

신앙에 대한 혼전 논의는 교회 출석이나 기타 외적 문제들만 다루다 보니 더욱 기본적이고 중요한 문제들은 건드리지 못한다. 내가 피상담자에게 "약혼자가 크리스천입니까?"라고 물어보면 대개 이런 식의 대답을 듣게 된다. "아, 네. 세인트마크교회에 다녀요."

나는 지금 교인과 비교인 사이의 문제를 얘기하는 게 아니다. 결혼의 영적 기초에 대해 말하고 있다. 두 사람은 무한하신 인격적 하나님이 계시다는 데 동의하는가? 이 하나님을 아는가? 이런 질문들이 영적 연합의 핵심에 위치한다.

비슷한 종교 단체에 소속되어 있다는 것만으로는 충분하지 않다. 개인의 믿음이 중요하다. 예를 들어 보자. 예수 그리스도를 주님으로 온전히 모시는 남자는 선교지로 이끄시는 하나님의 뜻을 느끼는데 여자는 여름 별장과 캐딜락, 밍크코트를 꿈꾸고 있다면 두 사람이 결혼에 합당한 기초를 가졌다고 말할 수 있을까?

여기 두 사람이 함께 검토해야 할 적절한 질문들을 소개한다. 두 사람의 영적 심장 박동은 일치하는가? 두 사람은 서로의 영적 성장을 북돋우는가, 아니면 한쪽이 은근하지만 끈질기게 반대쪽으로 끌어당기고 있는가? 영적 기초는 중요하다. 사실 영적 기초는 삶의 다른 모든 영역에 영향을 끼치기 때문에 가장 중요하다고 말할 수 있다.

육체적 연합

두 사람이 서로에게 육체적으로 매력을 느낀다면 육체적 연합을 위한 기초는 갖춰졌다고 볼 수 있다. 그러나 성적 연합에 대한 흥미로운 사실이 하나 있다. 성적 연합이 정서적, 영적, 사회적 연합과 분리될 수 없다는 사실이다. 결혼 이후 성적 측면에서 생겨나는 문제들은 대부분 다른 영역들에 뿌리를 두고 있다. 육체적 궁합이 안 맞는 경우는 거의 없다. 문제는 다른 영역에 있다. 단지 그것이 성적 영역에서 표현되는 것뿐이다.

성적 연합의 기초를 알기 위해서는 몇 가지가 선행되어야 한다. 결혼에 동의한 두 사람은 철저한 신체 검진을 받아야 한다. 1년에 3백만 명의 십대가 성병에 걸리는 현실에서 신체 검진도 없이 덥석 결혼하는 것은 러시아 룰렛 게임에 뛰어드는 것과 같다. 그리고 그런 질병이 있다는 것이 무엇을 의미하는지 현실적으로 직시해야 한다. 일부 성병은 완치가 안 되고 증상을 조절하는 처방만이 있을 뿐이다. 당신은 이런 질병이 있는 배우자와 살 의향이 있는가?

1960년대의 성 혁명으로 성행위와 결혼 제도는 아주 멀어져 버렸다. 이 둘은 서로가 더 이상 필요하지 않은 별개의 문제가 되었다. 성 혁명은 곧 섹스와 사람들의 자유를 의미할 거라고 생각되었다.

그러나 40년이 지난 후 한 대학생은 "성 혁명은 끝났고 모두가 졌다."[5]라고 결론을 내렸다. 성 개혁자들은 성 혁명으로 인해 빅토리아 시대의 억압이 완화될 거라고 주장했다. 그러나 성 혁명은 그 자체에 속박된 노예들을 만들었다.

결과적으로 지금은 역사상 어느 때보다 만족스러운 성생활을 얻기가 더 어려워졌다. 모든 연구 결과가 "평생 한 명의 배우자에게 헌신한 일부일처의 부부가 성적으로 가장 만족하는 사람들이다."[6]라는 사실을 보여 준다.

나는 혼외 성관계를 맺는 싱글 대부분이 친밀감을 향한 욕구 때문에 그렇게 한다고 믿는다. 그러나 불행히도 성교는 친밀감을 만들어 내지 못하고 혼외 성관계는 친밀함을 쌓는 과정을 망쳐 버리며 심신에 큰 고통을 준다. 이 책을 읽는 많은 싱글이 그런 아픔을 겪어 봤을 것이다. 소망을 전하는 것이 직업인 나의 대답은 다른 영역에서 실패할 경우 제시할 답과 같다.

기독교회의 메시지는 한결같다. 회개하고 예수 그리스도를 믿는 것이 기준에 미치지 못한 사람들이 붙들어야 할 해답이다. 과거의 실패 때문에 싸움을 포기해서는 안 된다. 전투에서 졌다고 전쟁에서 진 것은 아니다. 우리는 지난 걸음을 되돌릴 수 없다. 과거를 원상태로 돌릴 수 없다. 그러나 앞길을 계획할 수는 있다. 현재의 행동이 과거의 실패 때문이라고 말하지 말라. 자신의 잘못을 고백하고 하나님의 용서를 받으라(요일 1:9 참조).

상처 다루기

우리가 잘못을 고백하고 하나님의 용서를 받는다고 해서 성적 편력이 가져온 결과가 없어지는 것은 아니다. 하나님은 용서하시지만 우리 행동의 자연적 결과는 그대로 남는다. 술에 취한 상태로 차를 몰다 전신주를 들이받아 차가 박살이 나고 팔이 부러진 사람이 있다고 하자. 그가 병원에 가기 전에 하나님께 죄를 자백하면 용서를 받겠지만 팔은 여전히 부러진 상태이고 차는 돌아오지 않는다. 이처럼 도덕적 행동의 경우, 실패의 상처는 자백한다고 해서 없어지지 않는다. 그럼 이런 상처들을 어떻게 해야 할까?

성경은 모든 일에 정직할 것을 요구한다(엡 4:15, 25). 과거에는 성적으로 문란했지만 이제 결혼을 심각하게 고려하고 있다면, 장래 배우자에게 솔직해야 한다. 과거에 있었던 일을 솔직하게 털어놓으라. 결혼 안에는 비밀을 숨겨 둘 자리가 없다. 과거는 과거이고 바꿀 수 없다. 상대방이 당신을 있는 모습 그대로 받아 줄 것을 믿으라. 상대방이 당신을 용납하지 못한다면 두 사람은 결혼해서는 안 된다. 당신은 모든 것을 솔직히 드러내 놓고 결혼해야 한다.

연인이 당신을 용납하는 것도 중요하지만 당신도 자신을 받아들이고 과거를 넘어서야 한다. 과거의 경험 때문에 당신이 성에 대해 부정적 태도를 갖고 있다면 그것을 숨긴 채 결혼해서는 안 된다. 그것과 직면해 해결해야 한다.

그렇게 하려면 상담이나 영적 치유 과정이 필요할 수도 있다. 그리스도인에게 그 과정의 첫걸음은 성에 대한 성경의 가르침을 깊이 연구하는 것이다. 그렇게 하고 나면 성경이 혼인 안의 성교를 긍정적으로 보고 있음을 알게 될 것이다. 부부의 침소는 온전하고 아름다우며 하나님이 정하신 것이다. 진리를 알 때 부정적 태도에서 벗어날 수 있다. 진리를 주신 하나님께 감사하고 당신의 감정이 진리와 일치하도록 그분께 구하라.

당신이 과거에 실패했다고 해서 결혼까지 실패할 운명인 것은 아니다. 당신은 앞길에 놓인 방해물들을 뛰어넘어야 한다. 우리가 하나님의 이상을 좇았더라면 그런 방해물들은 없었을 것이다. 그러나 하나님은 우리의 약함을 치료하시고 우리가 가능성을 발휘하도록 돕기 위해 친히 이 땅에 오셨다.

우리는 이번 장에서 혼인의 연합에 필요한 기초들을 살펴보았다. 섹스가 유일한 목표인 사람에게는 이번 장에서 얘기한 문제들이 별로 중요하지 않게 느껴질 것이다. 음식을 요리해 주거나 집세를 내줄 사람을 원한다면 그런 조건을 갖춘 사람만 찾으면 된다. 그러나 온전한 삶의 연합을 결혼의 목표로 삼는 사람이라면 그 기초를 꼼꼼히 살펴야 한다. 평생의 헌신에 따르는 무게를 감당할 만큼 그 기초가 견고하지 않다면 결혼해서는 안 된다.

최근의 한 연구에서는 87%의 미혼자가 한 번 결혼하면 그 배우자와 평생을 살고 싶다고 말했다.[7] 그들은 부모의 삶을 통해 이혼이 어떤 결과를 낳는지 보았고 그런 삶을 거부하게 되었다. 누구와 결혼할지 현명하게 결정하는 일은 평생 지속할 만족스러운 결혼 생활을 위한 첫걸음이다.

생각할 질문　　　　　　　　　　　　　　　　　　　QUESTIONS TO PONDER

당신이 지금 연애 중이고 결혼을 생각하고 있다면 다음 질문에 진지하게 답해 보라.

1. 연인과 나는 지적 파장이 맞는가? (이번 장에서 소개한 몇 가지 방법을 시도해 볼 수 있을 것이다. 신문 기사나 인터넷 글을 읽고 그 가치와 의미에 대해 대화를 나누라. 책을 읽고 느낀 점을 서로 이야기해 보라.)

2. 우리는 사회적 연합을 위한 기초를 어느 정도나 살펴보았는가? (스포츠, 음악, 댄스, 파티, 직업적 목표 등에서 생각해 볼 수 있을 것이다.)

3. 서로의 성격, 강점과 약점을 분명히 알고 있는가? (성격 검사를 받아 보는 것도 좋을 것이다. 이러한 검사는 흔히 카운슬러의 지도로 이루어진다. 카운슬러는 검사 결과를 해석해 주고 갈등의 소지가 있는 부분을 찾도록 도와준다.)

4. 우리 관계의 영적 기초는 튼튼한가? (하나님, 성경, 기성 종교, 가치관, 도덕에 대해 각자가 어떤 믿음을 갖고 있는가?)

5. 과거의 성 경험에 대해 서로에게 솔직했는가? (우리는 이 이야기를 편안하게 할 정도로 관계에 진전이 있는가?) 성에 대한 생각을 어느 정도나 나누었는가?

6. 우리는 서로의 주된 사랑의 언어를 발견했는가? 그 언어로 서로에게 말하고 있는가? (서로의 사랑의 탱크가 가득 찼을 때 우리 관계의 기초를 솔직하게 살펴볼 수 있다.)

12
룸메이트, 친구, 직장 동료

THE FIVE LOVE
LANGUAGES
FOR SINGLES

신입생으로 맞는 기숙사 생활은 리드가 대학 생활에서 기대하는 부분이 아니었다. 어릴 때부터 자기 방이 있었던 리드에게 다른 사람과 같이 지내야 하는 기숙사 생활은 그리 유쾌할 것 같지 않았다. 리드는 규칙적이고 조직적인 사람이었기에 룸메이트가 자기 동생처럼 잘 어지르고 생활이 불규칙한 사람이면 어쩌나 염려스러웠다.

대학에 입학하고 2개월째, 리드의 우려는 현실이 되었다. 그의 룸메이트 브래드는 "파티광"이었고 그의 책상은 쓰레기더미였다. 침대가 정돈된 적은 한 번도 없었고 더러운 옷은 사방에 널려 있었다.

리드는 바로 앞에서 싫은 소리를 못하는 사람이어서 브래드에게 아무 말도 하지 않았지만 속으로는 부글부글 끓고 있었다. 나는 몇 년 전부터 리드를 알고 지냈는데 어느 주말에 그를 보고는 인사를 했다. "대학 생활은 어떤가?"

리드의 룸메이트

"대학은 좋습니다. 하지만 룸메이트 때문에 미칠 지경입니다."

"무슨 일이 있나?" 리드는 자신의 고민을 털어놓고 이렇게 마무리했다. "너무 화가 나서 집으로 거처를 옮기고 통학할 생각마저 했습니다. 하지만 부모님이 원하지 않으세요.

인간적으로 브래드를 좋아합니다만 방 안을 난장판으로 만드는 건 참을 수가 없습니다. 무슨 수가 없을까요?"

리드의 절박한 심정이 느껴졌다. 그래서 내가 말했다. "좋은 수가 있네. 하지만 지금 당장은 얘기할 시간이 없어." 우리는 그날 오후에 만나기로 했다.

리드가 내 사무실로 왔을 때 그는 들을 준비가 되어 있었다. 나는 뻔한 얘기부터 했다. "자네도 알겠지만 우리는 다른 사람들을 변화시킬 수 없네. 하지만 사람들이 변화하도록 영향을 줄 수는 있지.

다른 사람에게 긍정적 영향을 끼치는 가장 좋은 방법은 그를 사랑하는 거야. '5가지 사랑의 언어'에 대한 강연을 기억하겠지?"

"아, 네. 그 덕분에 여자 친구와의 관계에서 큰 도움을 받았습니다. 하지만 지금 상황은 로맨스가 아닌데요."

나는 미소를 지으며 말했다. "나도 아네. 하지만 인간관계지 않나. 모든 인간은 사랑받고 싶은 욕구를 가지고 있어. 누군가에게 행동을 바꾸라고 요청하고 싶은가? 그럼 먼저 그 사람을 사랑하고 인정해 주게. 그러면 그 사람에게서 자네가 원하는 변화가 나타날 가능성이 아주 높아진다고."

나는 리드에게 브래드의 주된 사랑의 언어를 아느냐고 물었다. 리드가 분명하게 대답하지 못하자 종이에다 5가지 사랑의 언어를 써서 건네주었다. 그다음 브래드가 다른 사람에게 어떤 사랑의 언어를 가장 자주 구사하는지 물었다.

리드는 눈으로 목록을 읽어 가다가 이내 봉사와 스킨십을 지웠다.

이윽고 그가 말했다. "인정하는 말입니다. 작은 일에도 언제나 제게 고맙다고 하거든요. 아주 긍정적인 친구예요."

"브래드가 무슨 일로 불평하는 걸 들어 본 적이 있나?"

리드는 한동안 생각하고는 말했다. "제가 기억할 수 있는 건 하나뿐이네요. 지난주 브래드가 그의 아버지에 대해 이렇게 말하는 걸 들었어요. '아버지가 삶에 대해 좀 더 긍정적이셨으면 좋겠어. 아버지는 어머니를 늘 깎아내리시거든. 난 그게 싫어. 아버지는 그 말이 어머니에게 얼마나 상처를 주는지 모르셔.'"

내가 덧붙였다. "그에게도 상처를 주지. 자네 생각이 옳은 것 같군. 브래드의 사랑의 언어는 인정하는 말인 듯하네. 그에게 사랑과 인정의 느낌을 주려면 인정하는 말을 해야 하겠지. 행동 변화를 요청하는 건 그다음의 일이야."

"하지만 그의 어떤 부분을 인정할 수 있을까요? 그게 문제입니다. 너무 어질러요."

"그의 다른 부분을 보게나. 브래드의 긍정적 부분을 말해야 한다면 무슨 얘기를 하겠나?"

"음, 사교적이고 친절합니다. 말씀드렸다시피 긍정적이고요. 얼마 전에는 제게 25센트를 빌려주기도 했어요. 빨래하러 갔었는데 동전이 부족했거든요. 모르겠습니다. 그에게는 분명히 좋은 점들이 있습니다. 그런데 온 방에 그의 더러운 옷가지가 널려 있다 보니 장점을 보기가 어렵습니다."

희망 사항

내가 말했다. "우선 그 문제에 초점을 맞춰 보세. 브래드에게서 구체적으로 어떤 변화가 나타나길 바라나?"

"더러운 양말을 제 의자에 놓지 말았으면 좋겠습니다."

나는 리드에게 펜을 건네주며 말했다. "그걸 적어 보세. 목록을 작성해 보게. 또 어떤 게 달라졌으면 좋겠는가?"

"더러운 옷가지는 벽장의 빨래 통에 넣었으면 좋겠습니다. 빈 콜라 캔은 쓰레기통에 넣었으면 좋겠고요. 사탕 껍질도 쓰레기통에 넣었으면 좋겠습니다. 얼마 전에는 먹다 만 초콜릿 바를 책상 위에 올려놔서 개미가 들끓었어요.

그리고 책은 그의 책상에만 뒀으면 좋겠습니다. 책상이 너무 지저분해 책을 둘 곳이 없어지면 제 책상에다 두거든요."

나는 그 모두가 리드에게 대단히 짜증스러운 일임을 알 수 있었다. "다른 것은 없나?"

"우선 그 정도면 됐습니다. 그리고 하나 더 있네요. 신발을 방 한가운데 두지 말고 침대 밑이나 벽장 속에 두었으면 좋겠습니다."

"무리한 기대는 아닌 것 같군. 그럼 이제 이런 변화가 일어나는 걸 보기 위한 전략을 말해 주겠네. 다음 3주 동안 지금 말한 것들에 대해 아무 말도 말게."

"그런 얘기는 안 했습니다. 다만 개미의 습격에 대해 한 번 말한 게 전부예요."

"좋네. 누군가의 행동이 바뀌기 바란다면 결국에는 어떤 변화를 바라는지 말해야 하네. 사람들은 우리 마음을 읽을 수가 없거든. 무엇이 우리를 성가시게 하는지 말해 주기 전에는 전혀 모르지. 하지만 그것이 출발점은 아닐세. 다음 3주 동안은 브래드에게 긍정적인 말들을 해주는 데 초점을 맞추게나."

리드의 변화 유도 전략

"다음 3주 동안 그를 인정하는 말을 하루에 한 번씩 하는 걸 목표로 삼게. 그의 주된 사랑의 언어가 인정하는 말이라면 3주가 끝날 무렵이면 자네의 사랑과 인정을 느끼기 시작할 걸세. 그럼 자네는 한 가지 요청을 할 수 있네. 자네가 작성한 목록에서 한 가지를 골라 이렇게 말하게. '브래드, 네게 한 가지만 요청하고 싶어. 가능하다면 네 신발을 침대 밑이나 벽장에 넣어 줄 수 있겠니? 네가 방 한가운데 신발을

놓으면 내가 거기 걸려 넘어지거든.'

그다음 그에게 이렇게 말하게. '그건 그렇고, 내 행동 중에서 불쾌한 게 있으면 말해 줘. 달라져야 할 게 있다면 그렇게 할 테니까. 나는 우리가 사이좋게 지냈으면 좋겠거든.' 브래드가 제안을 한다면 달라지도록 최선을 다하게.

첫 번째 요청을 한 뒤 한 주 동안 최소한 3번 인정하는 말을 계속하게. 그리고 2주에 한 번씩 추가 요청을 하게. 그렇게 하다 보면 목록에 나와 있는 요청을 다 하게 될 거야. 그리고 자네도 매주 한 가지씩 바꿀 부분이 있는지 물어보게. 이렇게 해도 효과가 없으면 2학기에는 룸메이트를 바꿔도 좋네. 사람은 자기를 사랑하고 용납해 주는 사람이 변화를 요구할 때 변화할 가능성이 가장 많은 법일세."

리드는 그다지 낙관적이지 않았지만 이렇게 말했다. "여러모로 옳은 말씀 같습니다. 꼭 한번 시도해 보겠습니다." 나는 그가 우리가 작성한 계획을 충실하게 따를 것임을 알았다. 그 후 성탄절 휴가가 되어서야 리드를 다시 만났다. 나는 그때와 똑같은 질문을 했다. "대학 생활은 어떤가?"

그의 얼굴에서 미소가 번졌다. "박사님, 대단하십니다."

"그게 무슨 말인가?"

"그날 오후 박사님께서 그 방법이 효과가 있을 거라고 하셨을 때 저는 그 말씀을 믿지 않았습니다. 하지만 이제 브래드와 저는 진정한 우정을 나누고 있습니다. 그의 신발은 침대 밑에 있고 빨랫감은 대개 빨래 통에 있고 콜라 캔은 쓰레기통에 있습니다. 지금은 복도에서 재활용 통을 발견해 재활용에 동참하고 있습니다."

"그럼 브래드는 자네에게 어떤 걸 요청했나?"

"가장 큰 요청은 제 책상에 스탠드를 설치하라는 거였습니다. 제가 자정이 넘도록 공부할 때 그가 자는 데 방해가 되지 않도록 해달라는 서였지요."

"다른 요청은 없었나?" 내가 캐물었다.

리드가 미소를 지었다. "음, 제가 여자 친구를 만날 때마다 그녀를 껴안는 걸 그만두라고 하더군요. 별다른 뜻이 담긴 행동은 아니었습니다. 저는 안는 걸 좋아하는 사람인데 그게 브래드에게는 거슬렸던 겁니다. 그래서 저는 자제했습니다."

"그러면 나머지 대학 생활은 문제없나?"

"정말 좋습니다. 저는 대학이 좋아요."

"나도 기쁘네. 하지만 한 가지 바로잡을 게 있네. 난 대단하지 않아. 하지만 사랑은 대단하지." 우리 둘 다 미소를 지으며 포옹했다.

오해하면 곤란하다. 내가 리드에게 제시한 전략은 사람을 조종하기 위한 시도가 아니었다. 조종은 두려움을 조장하거나 위협해 원하지 않는 일을 강요하는 것이다. 그러나 사랑은 다른 사람의 유익을 위해 뭔가를 하려는 노력인데, 때로는 개인의 요청이 뒤따를 수 있다.

요청과 요구는 아주 다르다. 사랑은 요청이 받아들여질 가능성이 높은 분위기를 만든다. 진실한 요청에 응하는 것 역시 사랑의 표현이다. 그것은 요청을 하는 사람의 유익을 위해 무언가를 하는 것이기 때문이다. 상호적인 사랑은 우정이 지속할 수 있는 토대다.

우정이 돈독해지는 방법

친구끼리 서로의 주된 사랑의 언어로 말하면 우정은 두터워진다. 트리시아와 베스는 중학교 2학년 때부터 알고 지냈다. 고등학교 때는 응원단이 둘의 공통 관심사였다. 그들은 경기를 놓치는 법이 없었다. 그들은 응원 도구를 갖추고 운동부 버스를 타고 함께 많은 곳을 다녔다. 고3 시절에는 두 사람 모두 풋볼 선수와 데이트를 했다. 트리시아는 쿼터백인 랜디와 베스는 러닝백인 조와 사귀었다. 여러 활동과 흥분으로 가득 찬 한 해였다.

그러나 불행히도 그해는 비극으로 끝났다. 졸업식을 8일 앞두고 조가 음주 운전 사고로 세상을 떠났다. 졸업 시험은 예정대로 진행되었지만 베스에게 그날은 크나큰 슬픔의 날이었다.

베스의 슬픔

트리시아와 베스는 그해 여름 많은 시간을 함께 보냈다. 트리시아는 베스를 따라 교회에서 열리는 슬픔 치유 학교에 참석했다. 거기서 그녀는 베스가 조와의 경험과 대화들을 추억하는 것을 들어 주는 게 값진 일임을 알았다. 베스는 조와 함께 꿈꿨던 미래를 얘기했고 결국 조의 음주 문제를 놓고 했던 말들을 떠올리고야 말았다. "조가 내 말을 들었더라면······."

트리시아는 이따금 질문을 하면서 베스의 말을 주의 깊게 들어 주었다. 슬픔은 말로 풀어내야 가장 잘 가신다는 걸 알았기 때문이다.

베스가 슬픔을 못 이겨 흐느끼면 트리시아는 그녀를 안아 주었고 함께 울었다. 그해 여름 두 사람은 많이 울었고 많은 대화를 나누었다.

베스는 대학에 갈 계획이었지만 준비가 안 되었다고 느껴 동네에서 일자리를 구했다. 트리시아는 대학에 진학했다. 친구를 떠나기 싫었지만 작별할 수밖에 없었다. 트리시아는 대학에서 선택 과목으로 인간관계론을 수강했다. 아마도 베스에 대한 염려 때문이었을 것이다.

트리시아의 통찰

그 수업에서 트리시아는 『5가지 사랑의 언어』를 접하게 되었고, 베스의 주된 사랑의 언어가 함께하는 시간이며 제2의 사랑의 언어가 스킨십이라는 걸 금세 깨달았다. 그녀는 자기도 모르는 사이 여름 내내 베스의 사랑의 언어를 구사했던 것이다.

그러한 깨달음은 트리시아에게 깊은 만족감을 주었다. 그것은 "베스가 이 위기를 넘기도록 어떻게 도울 수 있을까요?"라고 물었던 기도의 응답이기도 했다. 그녀는 이제 베스를 효과적으로 도울 방법을 알게 되었던 것이다. 트리시아는 2주에 한 번씩 주말마다 집으로 가서 베스와 함께하는 시간을 보냈다. 몇 주 후 그녀는 베스를 캠퍼스에 초청했다. 그것은 베스에게 치유의 학기가 되었다. 1월이 되자 베스는 대학에 등록했다. 삶을 이어 갈 준비가 되었던 것이다. 베스는 자신을 사랑해 준 친구에게 깊이 감사했다.

대학 시절이 끝났다. 트리시아는 랜디와 결혼했다. 베스는 대학에서 만난 청년과 결혼했다. 두 사람은 다른 도시로 이사했고 각자의 꿈을 좇아갔다. 베스와 트리시아는 서너 달에 한 번씩 전화로 서로의 안부를 물었다. 세월은 두 사람의 생각보다 훨씬 더 빨리 지나갔다. 두 사람은 1년에 한 번, 고향에서 주말을 함께 보내려고 했다. 별 탈 없이 지내던 어느 여름 주말, 고향에서 만난 자리에서 트리시아는 랜디가 바람을 피우는 것 같다고 베스에게 말했다. 우려는 현실로 드러났고 6개월 후 랜디는 트리시아를 떠났다. 그녀는 망연자실했다.

베스는 예전에 트리시아에게 도움을 받았던 일을 기억하고 어떻게 하면 트리시아를 도울 수 있을지 남편 세스와 함께 상의했다. 그녀는 트리시아의 사랑의 언어가 봉사임을 알고 있었다. 남편이 "집안일을 전혀 돕지 않는다"던 불평을 자주 들었기 때문이다.

베스 부부는 얘기 끝에 트리시아가 동의한다면 그들이 사는 지역으로 오게 하여 살 곳을 찾아 주고 일자리를 소개해 주자고 했다. 그리고 그녀가 거절의 상처를 극복하도록 돕기로 했다. 베스가 의향을 물어보자 트리시아는 긍정적으로 대답했다. 그리고 베스 부부의 사랑에 힘입어 슬픔을 이겨 내고 건강을 되찾았다. 진정한 친구는 어려움에 처한 친구를 돕는다. 그리고 5가지 사랑의 언어를 이해하는 친구는 가장 효과적으로 친구를 돕는 법을 안다.

섬기는 싱글들

싱글들은 아는 사람은 많지만 친구는 많지 않다. 그러나 우정은 그냥 알고 지내는 많은 사람 속에서 태어나는 법이다. 자신의 주된 사랑의 언어를 사용해 다른 사람들을 격려하고 사랑하면 주위 사람들에게 뜻깊은 도움을 줄 수 있다.

마시는 자신의 사랑의 언어가 봉사임을 안다. "저는 다른 사람들을 섬길 때 가장 즐거워요. 저는 요식업에 종사하고 있어요. 그래서 교회에서도 주방 봉사를 자원했지요. 우리는 수요일 저녁 식사를 준비하고 특별한 날이면 연회를 열어요. 제가 가장 좋아하는 일은 교회에서 부부들을 위한 밸런타인데이 연회를 여는 거예요.

사람들은 싱글을 늘 뭔가 채워 줘야 할 존재로 생각하는 것 같아요. 하지만 저는 싱글도 베풀며 살아야 한다고 믿어요. 요리 준비는 제가 다른 사람들에게 베푸는 방식이에요."

마시와 같은 철학을 가진 싱글을 만날 때면 참 기쁘다. 주디스의 언니는 혼자 아이를 기르면서 경제적인 어려움을 겪고 있었다. 그녀는 자녀들을 부양하느라 전력을 다하고 있었지만 그녀를 돌봐 주는 사람은 없었다. 그래서 주디스는 언니에게 신발과 옷을 사주고 싶다고 말했다.

처음에 언니는 주저했다. 그러나 주디스가 "난 언니를 사랑해. 언니를 돕고 싶어."라고 말하자 언니는 눈물을 쏟으며 말했다. "고맙구나." 선물이 그녀의 주된 사랑의 언어가 아닐 수도 있다. 하지만 선물은 어려움에 처한 사람에게 사랑을 전해 준다. 우리는 5가지 언어 모두로 사랑받을 수 있음을 기억하라.

직장에서 사랑의 언어 말하기

직장에서 누군가의 주된 사랑의 언어를 구사하면 친구를 얻게 되고 스트레스가 심한 직장 환경에 긍정적 분위기를 만들어 낼 수 있다. 동료들은 자신의 사랑의 언어로 말해 주는 사람이 곁에 있는 것을 항상 고맙게 생각한다.

조지애너는 열아홉 살의 직장 동료 캐시와 친구가 되었고 이내 그녀의 사랑의 언어가 선물임을 발견했다. 그래서 캐시에게 주기적으로 작은 감사의 표시를 했다. 캐시가 약혼했을 때 조지애너는 결혼하기에 좀 이른 것 아니냐고 물었을 뿐 나무라지는 않았다.

그러다 나중에 캐시의 약혼자가 파혼을 선언했고 캐시는 큰 충격을 받았다.

캐시를 위한 선물

캐시의 주된 사랑의 언어를 알고 있던 조지애너는 그녀를 위해 선물을 준비했다. 그녀의 말을 들어 보자. "캐시에게 사탕 바구니를 만들어 주었어요. 바구니에는 그녀가 '소중한 사람'이라고 말해 주는 책과 사탕 몇 개, 카드를 넣었어요.

바구니를 펼칠 때 캐시의 표정은 백만 달러짜리였어요. 누군가를 위해 그런 일을 할 수 있어서 저도 기분이 좋아요."

사랑하고 사랑받는 것보다 중요한 일이 또 있을까? 뜻깊은 사랑의 표현은 두터운 우정을 만든다.

바바라에게 사랑을 전하려는 시도

직장에서 누군가의 사랑의 언어를 구사하면 동료에 대한 태도도 달라진다. 마릴린은 직장 동료 바바라를 괘씸하게 여기고 있었다. 그녀는 자기 몫을 다하는 것 같지 않았다. 그러나 마릴린은 그녀와의 관계가 나아지기를 원했다. 하지만 그게 가능할지 자신이 없었다. 5가지 사랑의 언어에 대해 듣고 마릴린의 머리에 가장 먼저 떠오른 사람은 바바라였다.

마릴린은 이렇게 말했다. "어떻게 될지 알 수 없었지만 시도는 해봐야 할 것 같았어요. 우선 바바라의 주된 사랑의 언어를 발견해야 했지요. 하지만 제가 바바라를 그리 좋아하지 않다 보니 우리는 대화를 별로 나누지 않아 어떻게 해야 할지 모르겠더군요.

그런데 몇 주 전 성경 공부 시간에 배운 내용이 기억났어요. 예수님은 '너희 원수를 사랑하며 너희를 박해하는 자를 위하여 기도하라'(마 5:44)고 하셨지요. 바바라가 제 원수인지는 모르겠고 그녀가 저를 핍박하는 것 같지도 않지만, 어쨌거나 그녀에게 제대로 대우받고 있다는 느낌은 아니었어요. 그래서 우선 그녀를 위해 기도하기로 했어요. 얼마 후 저를 통해 바바라에게 사랑을 베풀어 달라고 기도하게 되었어요.

하지만 그녀의 주된 사랑의 언어가 무엇인지는 몰랐지요. 제가 선물을 하면 그녀는 '돈으로 우정을 사려 한다'고 생각할 것 같았어요. 엉뚱한 사랑의 언어를 구사하면 득보다는 실이 많다는 걸 알았거든요. 그래서 하나님께 그녀의 사랑의 언어를 알게 해달라고 구했어요."

새해 결심

"제가 그 기도를 했던 게 성탄절 다음 주였어요. 그런데 어느 날 아침 잠자리에서 일어나 출근 준비를 하는데 문득 이런 생각이 떠올랐어요. '내년 3월이 가기 전까지 사무실 동료들에게 도움이 될 만한 일을 하나씩 하겠다는 새해 결심이 어떨까?' 그렇게 하려면 제 결심을 사람들에게 말하고 어떻게 하면 그들을 도울 수 있는지 물어야 했어요. 그렇게 하면 각 사람의 사랑의 언어도 알 수 있으리라고 생각했지요. 그런데 그게 효과가 있었어요."

마릴린은 두 동료에게 먼저 물어본 다음 바바라를 찾아갔다. 그리고 그녀는 "사무실 동료들을 도울 만한 일을 한 가지씩 하겠다"는 새해 결심을 설명한 후 생각해 보고 다음 날 답을 달라고 말했다.

바바라가 말했다. "미쳤어요? 저를 돕고 싶다고요?" 바바라는 경계심과 의구심을 드러내며 되물었다.

마릴린이 대답했다. "미쳤는지도 몰라요. 하지만 그렇게 하고 싶어요."

바바라가 말했다. "좋아요. 생각해 볼게요."

다음 날 마릴린이 대답을 들으러 갔을 때 바바라의 분위기는 전혀 달라졌다. 바바라가 말했다. "생각해 봤는데요. 제가 아무것도 해주는 것 없이 그쪽에서 저를 위해 뭔가를 하는 건 불공평해요. 그러니 제가 그쪽을 도울 수 있는 일을 하나 말해 주면 저도 말해 줄게요."

전혀 뜻밖의 대답이었다. "와, 생각도 못 했던 반응인데요. 하루 말미를 주세요. 생각해 보고 내일 말해 줄게요."

그날 밤, 마릴린은 벌어진 상황을 정리해 보았다. 그녀는 사랑을 표현하고 싶다고 말한 것뿐인데 바바라는 자기도 그러겠다고 나선 것이었다. 마릴린은 자신의 주된 사랑의 언어가 봉사란 걸 알았다. 바바라가 "자기 몫을 하지" 않는다고 화가 났던 것도 그 때문이었다. 하지만 바바라에게 무엇을 요청할 수 있을까? 바바라가 해야 한다고 생각하는 일은 너무 많지만 한 가지만 선택해야 했다. 그리고 마릴린은 자신을 속이지 않고 정말 도움이 될 일을 요청하고 싶었다. 다음 날 아침 회사로 향하던 차 안에서 비로소 바바라에게 요청할 내용을 결정했다.

지난 3년 동안 마릴린은 매일 아침 커피를 탔다. 왜 그 일을 하게 되었는지는 모르겠지만 아무도 도와주겠다는 사람이 없다 보니 그녀의 일이 되어 버렸다. 그 일을 바바라에게 떠맡기는 건 무리한 요청 같았다. 하지만 '한 주씩 번갈아 맡자고 하면 거절하지 않을 거야. 서로 번갈아 가면서 하면 어느 쪽에도 큰 부담이 되지 않을 거야.' 그건 바바라에게도 할 만하고 본인에게도 의미 있는 도움이 될 듯했다.

오전 휴식 시간에 두 사람은 함께 커피를 마셨다. 바바라가 말했다. "먼저 말하세요."

마릴린이 말했다. "잠깐만요. 제가 먼저 얘기를 꺼냈으니까 그쪽부터 하셔야죠."

바바라가 웃으며 말했다. "저도 그건 알아요. 그러니까 그쪽이 먼저 대답해야죠. 게다가 제 요청은 말하기가 어려운 거라서 그래요. 그쪽에서 먼저 말해 주면 저도 말하겠다고 약속할게요."

"좋아요. 상대방을 도와줄 일을 말하는 거죠?"

"그래요."

"음, 아시다시피 제가 매일 아침 커피를 타 왔잖아요. 어쩌다 그 일을 맡게 되었는지 모르겠어요. 커피 타는 게 아주 싫은 건 아니지만 그쪽에서 한 주를 맡아 주고 내가 그다음 주를 하는 식으로 번갈아 커피를 타면 좋겠어요. 그럼 저는 훨씬 수월해지고 어느 쪽에도 큰 부담이 되지는 않을 것 같은데, 어떻게 생각하세요?"

바바라는 곰곰이 생각하더니 대답했다. "그건 할 수 있겠어요. …… 그러고 보니 생각도 안 해본 일이네요. 그건 그냥 그쪽 일이거니 생각했던 것 같아요."

"3년 전에 시작된 일이에요. 그때 존이 커피포트를 샀거든요. 그 전까지는 그냥 인스턴트 커피를 마셨지요. 첫 주에 제가 자진해 커피를 탔는데 그 후부터 제 일이 되어 버렸어요."

"기분 좋게 할 수 있을 것 같아요. 제가 이번 주부터 시작할까요?"

"아뇨. 이번 주는 제가 마저 할게요. 다음 주부터 하세요. 자, 이제 그쪽 차례예요."

바바라가 원했던 것

"제 요청은 좀 달라요. 어처구니없다고 생각할지도 몰라요. ……음, 제가 여기서 일한 게 4년째거든요. 저는 새로운 일을 배우는 데 좀 시간이 걸리는 것 말고는 맡은 일을 썩 잘한다고 생각해요. 하지만 그리 인정을 받지 못하는 기분이에요. 제 일이 너무 당연하게 받아들여지는 것 같아요. 그래서 제가 요청하고 싶은 건⋯⋯."

바바라는 말을 멈췄다. "이거 어렵네요." 그녀가 다시 말을 이었다. "이렇게 말하는 게 바보같이 느껴져요. 요청하고 싶은 건 가끔 제가 일을 잘하는 걸 보거든 그렇다고 말해 달라는 거예요. 긍정적인 말은 제게 큰 의미가 있거든요. 그런데 여기서는 늘 비판받는 기분이에요. 그쪽에서 저를 비판했다는 얘기는 아니에요. 하지만 제가 일을 잘한다고 생각해 주는 사람이 있었으면 좋겠어요."

마릴린은 무슨 말인지 알아듣는 데 애를 먹었지만 바바라의 주된 사랑의 언어를 배우고 있다는 것을 알았다.

마릴린이 말했다. "누구나 가끔은 인정하는 말을 듣고 싶어할 것 같아요. 그건 할 수 있어요."

바바라가 말했다. "봐요. 내 요청은 다를 거라고 했잖아요."

"괜찮아요. 저는 사람마다 사랑과 인정을 받는다고 느끼게 하는 것이 다르다는 걸 배웠거든요. 저는 사람들이 저를 위해 뭔가를 해줄 때 그런 느낌을 받아요. 그쪽은 자신이 한 일에 대해 인정하는 말을 들을 때 그런 느낌이 드는 거죠. 그럼 각자 노력해 보고 결과를 보자고요."

마릴린은 이것이 바바라와 나눈 가장 깊은 대화이며 바바라가 그녀의 사랑의 탱크를 들여다볼 수 있는 창을 열어 주었음을 알았다. 그날 밤, 마릴린은 바바라가 하는 긍정적인 일들을 보며 진심으로 인정하는 말을 할 수 있게 도와달라고 하나님께 기도했다. (14장에서 나머지 이야기를 소개하겠다.)

특별한 친구에게 사랑의 언어로 말하기

싱글인 데브라에게는 혼자 아이를 기르는 친구가 있다. 그녀의 주된 사랑의 언어는 인정하는 말이며, 제2의 사랑의 언어는 함께하는 시간이다. 작년에 친구의 생일이 다가올 무렵, 데브라는 한 주 전부터 매일 친구에게 카드를 보냈다. 그리고 생일이 되었을 때는 친구를 데리고 나가 함께 저녁을 먹었다. 친구의 주된 사랑의 언어를 알고 있기 때문에 데브라는 더 깊이 있고 효과적으로 사랑을 표현할 수 있었다.

폴라는 뇌성마비를 앓는 어린 소녀 섀넌을 보살피고 있다. "저는 섀넌을 물리적으로 돕고 있지만 '이 아이에게 사랑을 전해 줄 방법'을 계속 고민해 왔어요. 아이들에게는 사랑받는다는 느낌이 필요하거든요. 그러다 5가지 사랑의 언어에 대해 듣게 되면서 섀넌의 행동을 관찰하기 시작했어요. 5가지 사랑의 언어를 하나씩 구사하면서 아이의 반응을 살폈지요.

제가 부드럽게 만지거나 인정하는 말을 할 때 섀넌이 가장 긍정적인 반응을 보였어요. 아이가 사랑을 표현할 때 사용하는 언어도 스킨십과 인정하는 말임을 깨달았어요. 매일 제가 도착하면 섀넌은 저를 꼭 안아 주었고 제가 떠날 때도 그렇게 해주었어요. 아이는 매일 '사랑해요.'라고 몇 번이나 말했어요.

인정하는 말은 제 주된 사랑의 언어거든요. 그래서 저는 섀넌의 말을 통해 분명한 사랑을 느껴요. 섀넌은 제 사랑을 깊이 느끼고 있다고 믿어요."

폴라는 육체적, 정신적 장애가 있는 아이나 어른들도 사랑의 표현에 긍정적으로 반응한다는 사실을 발견했다. 자신의 주된 사랑의 언어로 사랑받을 때는 더욱 그렇다.

대부분의 싱글은 룸메이트, 친구, 직장 동료, 다른 중요한 사람들과의 관계가 돈독해지길 바란다. 어떤 언어로 표현하건 사랑은 관계를 개선한다. 그러나 그중에서도 상대방의 주된 사랑의 언어로 표현하면 그 사람의 마음에 사랑이 더욱 깊이 전해지게 된다.

생각할 질문　　　　　　　　　　　　　　　QUESTIONS TO PONDER

1. 고등학교 동창 중에서 중요한 관계를 맺고 있는 사람이 있는가? 그렇다면 그의 이름을 적어 놓고 다음 질문에 답해 보라. 그의 주된 사랑의 언어를 발견하려면 어떻게 해야 하는가? 그의 주된 사랑의 언어를 이미 알고 있다면 이번 주에 그 언어를 이용해 사랑을 표현해 보자. 어떤 일을 할 수 있겠는가?

2. 당신이 대학에 다니고 있다면 강의실에서 만난 친구와의 우정을 어떻게 묘사하겠는가? 졸업했다면 대학에서 사귄 친구와의 우정을 유지하고 있는가? 이들과의 우정이 깊어지려면 어떤 조치를 취하는 게 좋겠는가?

3. 직장에 다니고 있다면 주기적으로 만나는 사람들의 이름을 적어 보라. 이들의 주된 사랑의 언어를 아는가? 어떻게 하면 그것을 발견할 수 있겠는가?

4. 관계가 좋아지기를 바라는 사람이 있는가? 그것을 위해 어떤 조치를 취할 생각인가?

5. 부모와 형제 외에 당신에게 중요한 사람들은 누구인가? 최근에 이들에게 어떤 사랑의 표현을 했는가?

6. 당신에게 중요한 사람들의 주된 사랑의 언어를 알고 있는가? 그들의 사랑의 언어를 발견하고 말하기 위해 어떤 일을 할 것인가?

13
사랑의 언어와 싱글 부모

THE FIVE LOVE
LANGUAGES
FOR SINGLES

아만다는 열다섯 살 조시와 열세 살 줄리, 두 십대 자녀를 혼자 기르고 있다. 그녀의 생활은 쉽지 않다. 그 어려운 시절이 아주 오랫동안 계속되었다. 그녀의 남편은 큰아이가 여덟 살 때 떠났다. 이혼의 충격과 거절당한 느낌을 극복한 후 아만다는 주도적으로 삶의 주인이 되었다.[1]

아만다는 부모님의 도움을 받아 간호 학원을 마친 후 줄곧 지역 병원에서 일했다. 그 일자리가 없었다면 생활을 꾸려 나갈 수 없었을 것이다. 남편이 보내 주는 자녀 양육비는 터무니없이 적었고 그나마 일정하게 들어오지도 않았기 때문이다.

아만다는 열심히 가정을 꾸려 왔지만 속으로는 죄책감을 안고 살고 있다. 그녀는 원하는 만큼 아이들과 많은 시간을 보낼 수 없었다. 직장 때문에 아이들의 방과 후 활동에도 많이 가보지 못했다. 이제 아이들은 십대가 되었는데 그녀는 여전히 아이들과 많은 시간을 보내지 못하고 있다.

아이들은 자라고 있고 변하고 있다. 아만다는 아이들이 사춘기를 맞이할 준비가 되었는지 알 수 없다. 어느 날은 "난 최선을 다했어."라고 자신하다가도 다음 날이면 "충분히 했는지 자신이 없어."라고 말한다. 최근에 조시는 말대답을 하고 자주 엄마를 비판한다. 줄리는 데이트를 시작하고 싶어하는데 아만다는 너무 어리다고 생각한다.

아만다는 상담실에서 이렇게 말했다. "아이들을 제대로 키울 자신이 없어요. 지금까지는 꽤 잘해 왔다고 생각하지만 아이들의 십대 시절을 잘 참고 견뎌 낼 수 있을지 모르겠어요." 아만다의 하소연은 여러 해 동안 수많은 싱글 부모에게서 들은 고백이기도 했다. "저를 도와줄 사람이 없을까요? 혼자서 아이들을 키울 자신이 없어요."

나는 이 책이 아만다와 같은 싱글 부모에게 도움이 되기를 바란다. 당신이 싱글 부모일지도 모르겠다. 자녀의 주된 사랑의 언어를 발견하면 주어진 시간을 최대한 활용하여 자녀의 정서적 욕구를 채워 주는 데 도움이 될 것이다. 양육권을 가진 경우건 아니건 자녀의 주된 사랑의 언어를 주기적으로 구사하고 기회가 날 때마다 나머지 네 언어로 이야기하면 자녀를 더욱 효과적으로 사랑할 수 있을 것이다. 자녀에게는 5가지 사랑의 언어가 모두 필요하지만 주된 사랑의 언어가 없다면 사랑의 탱크가 빈 채로 남고 말 것이다.

케빈은 아들 매트와 주말을 보냈다. 두 사람은 같이 풋볼 경기를 보고, 세차를 하고, 미니 골프 시합을 두 번 했다. 케빈은 아들과 함께 보낸 시간이 뿌듯했다. 그러나 매트가 그다음 주 화요일 오후 카운슬러에게 한 말을 케빈이 들었다면 그는 분명 충격을 받았을 것이다. "아버지와 보낸 주말은 어땠니?"라는 질문에 매트는 이렇게 대답했다. "우리는 많은 걸 같이했어요. 하지만 아빠가 저를 사랑하신다는 생각이 들지 않아요."

"왜 그렇게 생각하니?" 카운슬러가 물었다.

"제 생각과 기분이 어떤지 묻지 않으시거든요."

양육권을 포기한 아버지가 자녀를 방문할 때 자녀와 다른 견해를 보이는 경우는 흔하다. 조사 결과에 따르면, 아버지는 사랑을 표현한다고 생각하지만 자녀는 거절감을 느낀다. 한 연구에 따르면, 대부분의 아버지들이 의무를 다했다고 생각하지만 십대 자녀의 75%는 자신이 아버지에게 의미 없는 존재라고 느끼는 것으로 나타났다.[2]

양육권을 가진 부모와도 비슷한 인식 차이가 존재한다. 열 살인 미치는 이렇게 말했다. "엄마는 열심히 일하세요. 엄마는 저를 사랑하시겠지만 너무 많이 나무라지 않으셨으면 좋겠어요."

자녀가 사랑을 느끼도록 돕는 일

문제는 "싱글 부모인 당신이 자녀를 사랑하는가?"가 아니다. "당신의 자녀가 사랑받는다고 느끼는가?", 이것이다. 부모의 진심만으로는 충분하지 않다. 우리는 자녀의 주된 사랑의 언어로 말할 수 있이야 한다. 나는 자녀들의 비행(非行)이 상당 부분 사랑의 탱크가 빈 탓이라고 믿는다. 모든 아이에게는 주된 사랑의 언어가 있다. 그것은 아이의 영혼에 가장 깊이 다가가 사랑받고 싶은 정서적 욕구를 채워 주는 언어다. 부모가 자녀의 주된 사랑의 언어를 알고 그것을 구사하지 않으면, 다른 사랑의 언어들을 아무리 많이 해도 자녀는 사랑받지 못한다고 느낄 수 있다.

5가지 사랑의 언어를 간략히 복습하자. 그리고 그 언어들을 자녀에게 적용할 방법을 찾아보자.

스킨십을 통해

포옹과 키스뿐 아니라 등 두드리기, 어깨에 손 얹기, 길 건널 때 손잡기, 방바닥에서 씨름하기, 방에서 나갈 때 한번 쓰다듬어 주기 등도 스킨십이다.

나는 열한 살의 제이슨에게 물었다. "네 아버지가 널 얼마나 사랑하시니? 0점부터 10점까지 점수로 말해 봐."

제이슨은 눈 하나 깜빡하지 않고 "10점!"이라고 말했다.

왜 그렇게 자신감이 넘치느냐고 물었더니 아이가 말했다. "아빠는 제 곁을 지나가실 때 늘 툭 치고 가시고, 방바닥에서 함께 씨름도 하시는걸요."

기억하자. 스킨십은 사랑의 감정을 전하는 강력한 방법이다.

인정하는 말을 통해

인정하는 말은 아이의 가치를 인정하게 해준다. "사랑한다. 그 옷 입으니까 근사하다. 잠자리를 참 잘 정리했더구나. 잘 잡았어! 세차 도와줘서 고맙다! 네가 자랑스럽구나." 이런 것들이 인정하는 말이다.

"사랑한다."라는 간단한 말이 단비처럼 아이의 영혼을 촉촉하게 적실 수 있다. 반면 홧김에 내뱉는 가혹한 말은 자녀의 자부심에 상처를 낼 수 있고 평생 자녀의 가슴속에 남을 수도 있다.

열 살인 미치는 "엄마는 저를 사랑하시겠지만 너무 많이 나무라지 않으셨으면 좋겠어요."라는 말로 자신의 주된 사랑의 언어가 인정하는 말임을 보여 주었다. 미치는 또 다른 사실도 말하고 있다. 아이의 주된 사랑의 언어를 부정적 방식으로 사용하면, 아이에게 무엇보다 큰 상처를 남긴다는 사실을 말이다. 미치의 주된 사랑의 언어는 인정하는 말이었기 때문에 미치는 어머니의 부정적 말로 깊은 상처를 받았다.

함께하는 시간을 통해

함께하는 시간은 자녀에게 온전히 관심을 기울이는 것이다. 아이가 어릴 때는 바닥에 앉아 공을 이리저리 굴려 주거나 소파에 앉아 책을 읽어 주는 것이 함께하는 시간이었다. 아이가 조금 크면 숲 속을 함께 거닐면서 서로를 쳐다보고 귀를 기울이며 대화를 나누는 것이 함께하는 시간이다. 아이들은 계속해서 자라기 때문에 그들과 함께하는 시간을 보내려면 그들이 처한 자리로 가야 한다. 부모는 자녀의 관심사를 발견하고 그들의 세계로 들어가야 한다.

몸이 가까이 있다고 함께하는 시간을 보내게 되는 건 아니다. 풋볼 경기를 함께 보는 부자의 경우 아버지의 관심이 자기에게 있다고 느끼는 아들에게는 그 시간이 함께하는 시간이 된다. 아버지의 관심이 풋볼 경기에 가 있다면 아들은 소외감을 느낄 수 있다. 매트는 그런 느낌을 잘 표현해 주었다. 매트는 아버지와 함께 여러 가지 활동을 했지만 헤어질 때 아이의 마음은 텅 비어 있었다. "제 생각과 기분이 어떤지 묻지 않으시거든요."

선물을 통해

선물은 "나를 생각해 주는 사람이 있다. 그 사람이 내게 뭘 줬는지 봐."라고 외치게 한다. 선물은 비쌀 필요가 없다. 길을 걷다가 주운 돌멩이나 앞뜰에서 꺾은 꽃처럼 간단한 것도 괜찮다. 선물로 사랑을 표현하려면 포장해서 건네주라. 그런 형식을 갖춘다면 교복도 싱글 부모가 자녀에게 주는 선물이 될 수 있다.

진정한 선물은 아이가 잠자리를 잘 정리했거나 방 청소를 했다고 주는 게 아니다. 그런 선물은 일을 잘한 데 따른 보상이지 선물이 아니다. 선물은 아이가 뭘 잘했기 때문이 아니라 부모가 그 아이를 사랑하기 때문에 주는 것이다.

여행에서 돌아와 두 딸아이에게 곰 인형을 준다고 하자. 한 아이는 펄쩍펄쩍 뛰면서 "고맙습니다. 고맙습니다." 하면서 곰 인형에게 이름을 지어 주고 가장 특별한 장소에 놓는 반면, 다른 아이는 "고맙습니다."라고 말하고는 곰 인형을 소파 위로 던진 뒤 여행이 어땠느냐고 물을지 모른다. 그렇다고 해도 놀라지 말라. 둘째 딸은 자신의 주된 사랑의 언어가 함께하는 시간임을 보여 주는 것뿐이다. 그 아이는 선물보다 당신의 관심을 더 중요하게 생각한다. 첫째 딸의 주된 사랑의 언어는 선물이 분명하다.

봉사를 통해

아이가 스스로 할 수 없는 일들을 해주는 것은 사랑의 표현이다. 부모는 아이가 어릴 때 기저귀를 갈아 주고, 젖을 먹이고, 아기에게 필요한 것을 공급하면서 이 언어를 구사하게 된다. 그다음 18년은 식사 준비, 빨래, 일회용 밴드 붙여 주기, 자전거 수리하기, 그 외 여러 가지 다른 봉사 활동으로 가득 찬다. 친절한 마음으로 해줄 때 이런 봉사들은 아이에게 사랑을 전해 준다.

아이들이 자라 감에 따라 부모의 봉사는 아이들이 제 앞가림을 하는 데 필요한 기술을 가르치는 것이 된다. 지금까지는 요리를 해주었지만 이제 요리법을 가르쳐야 하는 것이다.

봉사는 아이들에게 사랑을 전하는 강력한 방법이다. 열 살배기 제니퍼는 이렇게 말했다. "엄마는 저를 사랑하세요. 엄마는 제 숙제, 특히 수학 숙제를 도와주시거든요."

아이의 독특한 사랑의 언어를 존중하라

당신은 이렇게 생각하고 있을지도 모르겠다. '좋아. 난 그중 일부를 하니까 내 아이는 사랑을 느끼고 있겠군.' 그러나 꼭 그렇지는 않다.

한 가지 형태의 징계가 모든 아이에게 통하지 않듯, 한 가지 사랑의 언어가 모든 아이에게 통하지 않는다. 각 아이에게는 다른 네 가지 사랑의 언어보다 마음에 더 깊이 와 닿는 주된 사랑의 언어가 있다. 그 언어는 형제끼리라도 다를 수 있다. 사랑을 향한 아이의 욕구를 제대로 채워 주려면 아이의 주된 사랑의 언어를 발견하고 그 언어로 자주 말해 줘야 한다. 그것이 자녀의 사랑의 탱크를 계속 차 있게 만드는 가장 효과적인 방법이다.

그러나 주된 사랑의 언어 한 가지만 구사하라는 말은 아니다. 아이에게는 5가지 언어가 모두 필요하다. 하지만 주된 사랑의 언어는 많이 들을 필요가 있다.

양육권이 없는 한 아버지는 이렇게 말했다. "이제 네 살 된 쌍둥이 딸이 있습니다. 아내와 저는 1년 전에 이혼했습니다. 솔직히 딸아이들을 어떻게 대해야 할지 모르겠더군요. 아이들이 자라 가니까 아빠 노릇을 좀 더 잘해야겠다는 생각이 들었습니다. 누군가 제게 『자녀의 5가지 사랑의 언어』를 줘서 읽어 봤습니다. 쌍둥이인데도 딸아이들의 사랑의 언어가 다르다는 사실을 알고 깜짝 놀랐습니다. 한 아이는 스킨십이고 다른 아이는 함께하는 시간입니다. 아이들의 주된 사랑의 언어를 구사하게 되니까 아이들과의 유대가 깊어지는 걸 느낍니다."

마지는 내가 진행한 싱글 부모를 위한 워크숍에 참석하고 난 뒤 열한 살 난 아들 필립의 주된 사랑의 언어가 인정하는 말임을 금세 깨달았다. 그리고 지난 6주 동안 숙제를 제대로 안 하고 여동생을 괴롭힌다며 필립을 많이 나무랐다는 것을 깨달았다. 그녀는 앞으로 몇 주 동안은 매일 아이를 인정하는 긍정적인 말을 해주리라 다짐했다.

징계와 사랑의 언어

마지는 이렇게 말했다. "그러자 믿을 수 없는 일이 벌어졌어요. 한 주도 안 되어 필립의 표정이 완전히 달라졌어요. 학교에 갔다 오면 제가 아무 말 안 해도 숙제를 하기 시작했어요. 동생을 대하는 방식과 태도도 눈에 띄게 달라졌지요. 아이의 주된 사랑의 언어를 말하는 것만으로 그렇게 달라지다니 정말 믿기 어려울 정도예요."

사랑의 탱크를 항상 채워 놓으라

자녀의 사랑의 탱크를 채워 주면 모든 나쁜 행동이 사라진다는 말은 아니다. 그러나 사랑의 탱크가 가득 차면 아이의 행실이 나빠질 가능성이 적은 것이 사실이다.

자녀의 행실이 나빠 징계가 필요할 때는 우선 사랑의 탱크를 가득 채워 주라. 사랑의 탱크가 비어 있는 상태에서 징계를 받는 아이는 틀림없이 징계에 반항할 것이다.

징계 전후에 사랑을 표현하라

싱글 부모는 징계를 하기 전에 자녀의 사랑의 언어를 의도적으로 구사해야 한다. 그리고 징계 후에 한 번 더 사랑의 표현을 하라.

예를 들어 보자. 집 안에서는 축구공을 던져서는 안 된다는 규칙이 있다. 그리고 그 규칙을 어길 때는 축구공을 이틀 동안 차 트렁크 안에 넣어 두어야 한다. 또 아이가 무엇을 깨뜨리면 용돈에서 깨어진 물건값을 지불해야 한다. 그런데 당신의 금쪽같은 자녀는 규칙을 어기곤 한다. 당신과 아이 모두 징계 내용을 알고 있지만, 이때 당신이 그것을 어떻게 집행하는가가 대단히 중요하다. 아이의 사랑의 언어가 인정하는 말이라면 다음과 같이 징계할 수 있을 것이다.

아이의 방으로 들어가서 아이가 집중하게 한 다음 이렇게 말한다. "네가 평소에 규칙을 잘 지키는 건 참 훌륭한 일이다. 그건 아주 바람직한 모습이고 다 컸다는 표시지. 그런 부분을 고맙게 생각한다. 하지만 알다시피 네가 집 안에서 축구공을 던져서 유리창이 깨어졌다. 그러니까 축구공은 차 트렁크에 들어가야 하고 네 용돈에서 유리값을 내야 한다는 걸 우리 둘 다 알아. 그러면서도 네가 자랑스럽구나. 이런 일은 정말 드물고 평소에는 네가 규칙을 잘 지키니까."

부모가 사랑으로 둘러서 징계를 했기 때문에 자녀는 그 징계를 긍정적으로 받아들일 것이다.

그러나 당신이 방에 들어가 그냥 이렇게 말한다면 어떨까? "집 안에서 축구공을 던지면 안 되는 거 알지? 자, 네가 무슨 짓을 했나 보아라. 유리창을 깨뜨렸어. 그럼 어떤 결과가 있는지 알겠지? 축구공을 차 트렁크에 집어넣어라. 그리고 이번 주 용돈은 없다. 유리창 사는 데 써야 하니까." 그리고 방에서 나온다.

당신의 자녀는 축구공을 차 트렁크 안에 넣겠지만 속으로는 이렇게

생각할 것이다. '나는 규칙을 지키려고 노력해. 한 번 실수한 걸 가지고 소리를 지르고 난리야.'

아이는 징계가 아니라 징계가 이루어지는 방식에 반항한다. 이런 식의 징계에 아이는 부모에게 거절당한 느낌을 받는다. 사랑을 느끼지 못하는 것이다.

자녀의 사랑의 언어를 발견하는 법

그럼 자녀의 주된 사랑의 언어를 어떻게 발견할까? 앞에서 말했던 원리들을 복습해 보자.

1. **자녀가 당신에게 어떻게 사랑을 표현하는지 관찰하라.** 딸아이가 언제나 당신을 안는다면 아이의 주된 사랑의 언어가 스킨십이라는 뜻이다. 아들아이가 "엄마, 이거 정말 맛있어요!" 하면서 언제나 칭찬을 하거나 감사를 표한다면 아이의 사랑의 언어는 인정하는 말일 수 있다.

2. **자녀의 요청에 귀 기울이라.** 자녀가 가장 자주 하는 요청이 아이의 주된 사랑의 언어에 대한 단서가 된다. "아빠, 같이 공원에 가면 안 돼요?", "엄마, 책 읽어 주세요." 이런 아이들은 함께하는 시간을 요구하고 있고 그것이 주된 사랑의 언어일 가능성이 높다.

3. **불평에 귀 기울이라.** "왜 제 선물은 없어요?" 이런 불평은 선물이 자신의 주된 사랑의 언어라는 아이의 메시지로 볼 수 있다. "아빠가 떠난 뒤로 공원에 절대로 안 가요."라는 말은 아이의 주된 사랑의 언어가 함께하는 시간이라는 표시일 수 있다.

이 세 가지 방법으로도 자녀의 주된 사랑의 언어를 모르겠다면 실험을 해보라. 매주 사랑의 언어 한 가지씩을 집중해 구사하고 자녀의 반응을 보는 것이다. 당신이 아이의 주된 사랑의 언어로 말할 때는 아이의 태도가 눈에 띄게 달라지는 것을 보게 될 것이다.

카티는 "아이들을 사랑으로 기르고 싶은 마음이 간절하지만 잘 안 되어 괴로운 싱글 맘"이라고 자신을 소개했다. 이혼 후 그녀는 몇 가지 영역에서 자녀들과 문제가 있었다. 아이들을 어떻게 대해야 할지 방법을 찾다가 내 책 『자녀의 5가지 사랑의 언어』를 읽었다. 그 책을 통해 그녀는 아이들 각각의 사랑의 언어를 깨닫게 되었다.

"선물을 받는 것이 큰아이의 주된 사랑의 언어란 걸 발견했어요. 미란다는 작은 선물을 줄 때 그렇게 좋아할 수가 없어요. 비싼 선물이 아니에요. 그냥 자그마한 사랑의 표시면 돼요. 그러면 그걸 사람들에게 보여 주며 엄마가 준 거라고 자랑하지요. 선물이 저를 대하는 아이의 태도도 바꿔 놨어요.

이제 열두 살인 아들 조던의 사랑의 언어는 함께하는 시간이에요. 조던은 저와 함께 시간을 보내는 걸 좋아해요. 우리는 밤에 함께 책을 읽어요. 그리고 저는 조던이 비디오 게임을 하는 걸 지켜보며 즐겁게 되었어요. 조던에게만 주의를 집중하기는 어렵지만 그렇게 할 때 아이가 매우 좋아해요."

자녀의 주된 사랑의 언어로 말하되 조부모와 이모, 삼촌 등 다른 중요한 어른들에게도 아이의 주된 사랑의 언어를 알려 주라. 아이들은 가까운 친지들에게서 사랑을 받을 필요가 있다. 친척과 부모의 친구가 그런 아이의 욕구를 채워 줄 수 있다.

자신의 사랑의 욕구 채우기

이제까지는 자녀의 사랑의 필요를 채워 주는 것에 대해 주로 얘기했지만 나는 싱글 부모에게도 욕구가 있음을 잘 알고 있다. 『자녀의 5가지 사랑의 언어』에서 나는 싱글 부모 자신의 사랑의 욕구를 채워야 한다고 썼다. 그 내용은 반복할 가치가 있다.

아이가 죄책감, 두려움, 분노, 불안감을 겪는 동안 어머니나 아버지도 비슷한 감정을 겪는다. 남편에게 버림받은 어머니는 [거절감과 분노]를 느낀다. 신체적으로 학대하는 남편을 떠나보낸 어머니는 상처 그리고 외로움과 싸워야 한다. 싱글 부모는 다른 누구 못지않게 사랑이 필요하다. 그러한 필요는 전 배우자나 자녀가 채워 줄 수 없기 때문에 싱글 부모는 흔히 친구들을 찾아 나선다. 그것은 사랑의 탱그를 채우는 좋은 출발점이 될 수 있다.

새로운 친구를 사귀려는 당신에게 경고 한마디를 보낸다. 이 시점에서 싱글 부모는 나약한 싱글을 이용하려는 이성에게 극도로 취약하다. 사랑이 절실히 필요해 섣불리 받아들였다가 성적, 재정적, 정서적으로 이용당할 위험이 대단히 크다. 배우자 없이 홀로 된 당신은 새로운 친구를 사귈 때 매우 조심해야 한다. 가장 안전한 방법은 오래 사귄 친구들이나 친척들을 만나는 것이다. 무책임한 방식으로 사랑의 욕구를 채우려 들면 결국 비극의 연속에 휘말릴 수 있다.[3]

이혼했거나 배우자와 사별했다면 슬퍼하고 상처를 치유할 시간을 가지라. 그리고 가능한 한 자주 친척이나 친구들과 대화를 나누라. 자신의 상처, 분노, 좌절, 갈등을 털어놓는 것이 슬픔을 이겨 내는 가장 빠른 방법이다. 교회나 지역 사회 단체에서 싱글 부모를 위해 제공하는 강좌를 듣는 것도 좋다.

부모가 상처를 잘 이겨 내는 모습은 자녀들에게 훌륭한 본이 된다. 심리학자 체릴과 프루던스 티펀 부부는 이렇게 말했다. "자녀에게 줄 수 있는 최고의 선물은 건강한 몸과 마음, 영혼, 지성을 갖춘 부모다."[4] 인정하기 싫을지 몰라도 당신은 앞으로 여러 해 동안 싱글 부모로 지내야 할지 모른다. 길건 짧건 그 기간에 당신은 자녀들에게 성실과 책임의 본을 보여 주고 싶을 것이다. 부모는 자녀들이 책임 있는 어른으로 자라나는 데 도움이 될 본보기가 될 수 있다. 5가지 사랑의 언어를 이해하여 그 목표를 달성하는 데 도움이 되기를 바란다.

생각할 질문 QUESTIONS TO PONDER

1. 자녀의 주된 사랑의 언어를 모른다면 다음 질문에 대답해 보라. 자녀가 다른 사람들에게 사랑을 표현하는 방법은 무엇인가? 아이는 어떤 불평을 가장 많이 하는가? 아이는 어떤 요청을 가장 많이 하는가? 이러한 질문에 답해 보면 자녀의 사랑의 언어를 알 수 있을 것이다.

2. 자녀의 주된 사랑의 언어를 활용해 징계 방법을 개선할 수 있겠는가?

3. 부모 중 한쪽을 여의거나 부모의 이혼으로 떨어져 살게 된 경우 자녀가 보인 반응들을 적어 보라. 두려움, 분노, 불안, 부인, 비난 등 말이다. 자녀의 주된 사랑의 언어를 활용해 그 고통을 극복하도록 도울 수 있겠는가?

4. 싱글 부모인 당신은 사랑받고 싶은 자신의 욕구를 어떻게 해결하는가? 가족이나 친구 중에서 정서적 지원을 기대할 수 있는 사람이 있는가? 그들이 당신의 삶에 이바지한 바에 감사를 표하는 것이 좋은 출발점이 될 수 있을 것이다. 그런 다음 구체적인 도움을 요청해 보라.

5. 당신은 교회나 지역 사회의 싱글 부모 교실에 등록했는가? 그렇지 않다면 그런 교실을 찾도록 도와줄 사람이 있는가? 그런 기회를 찾을 수 없다면 당신이 직접 싱글 부모를 위한 모임을 시작할 수도 있다.[5]

14
사랑으로 성공하기

THE FIVE LOVE
LANGUAGES
FOR SINGLES

나는 실패자가 되고 싶어하는 싱글을 만나 본 적이 없다. 모두가 성공하기를 원한다. 그러나 성공은 과연 무엇일까? 열 명에게 물어보면 모두 다른 답이 나올 것이다.

나는 이 질문에 J. 폴 게티가 "일찍 일어나고 늦게까지 일해 한밑천 잡는 것"이라고 대답하는 걸 들은 적이 있다. 게티에게는 그 공식이 효과가 있었는지 몰라도 누구에게나 통할 것 같지는 않다. 내 친구는 성공을 이렇게 정의했다. "성공은 자신에게 있는 것으로 최대한 충실하게 살아가는 것이다."

모든 사람에게는 세상에 좋은 영향을 끼칠 수 있는 잠재력이 있다. 그것은 자신이 가진 것으로 어떤 일을 하는가에 달려 있다. 성공의 측정 기준은 얼마나 많은 돈을 가졌는가 또는 어떤 지위에 올랐는가가 아니라 그 둘을 어떻게 사용하는가에 있다. 지위와 돈은 탕진하거나 남용될 수도 있고 다른 사람들을 돕는 데 사용될 수도 있다.

우리가 흔히 말하는 성공은 재정, 교육, 직업 같은 특정 분야에서의 성공이다. 스포츠, 가족, 종교, 인간관계에도 성공이라는 단어를 사용한다. 이런 영역 중 하나에서 성공했다고 말할 때는 스스로 정한 목표 일부를 이루었다는 뜻이다.

어떤 영역에서 어떤 성공관을 가지고 있건 사람들을 제대로 사랑할 줄 아는 사람이 성공할 확률도 높다.

사람을 사랑하면 사업에서 성공한다

잠시 사업의 성공에 대해 생각해 보자. 『경영 혁명』 및 기업 환경의 변화에 대한 여러 권의 베스트셀러를 쓴 톰 피터스는 "고객들에게 붙은 기업들만 살아남고 번영할 것이다."[1]라고 말했다. 피터스가 말하는 것은 관계다. 참된 사업의 성공은 언제나 인간관계 위에 세워진다.

『정정당당하게 경쟁에서 이기는 법』의 저자인 심리학자 케빈 리먼은 사업 성공의 세 가지 법칙을 제시한다.

> 첫 번째 법칙_ 사람들은 물건 사는 걸 좋아한다. 물건 파는 사람이 마음에 들 경우에는 더욱 그렇다.
>
> 두 번째 법칙_ 한 번에 한 가지 대화로 인간관계를 쌓는다.
>
> 세 번째 법칙_ 고객을 알면 물건 파는 일은 서질로 된다.[2]

리먼은 "남에게 대접을 받고자 하는 대로 너희도 남을 대접하라"는 황금률이 모든 사업의 성공 열쇠라고 결론을 내린다.[3] 이 원리는 사랑의 태도가 있어야 가능하고 고객의 주된 사랑의 언어를 알고 구사할 때 더욱 강화된다.

동기 부여 전문가 지그 지글러의 메시지는 한 가지로 요약할 수 있다. "다른 사람들이 원하는 것을 얻도록 도우면 사업에서 성공할 수 있다."[4] 이와 비슷한 오래된 속담이 있다. "다른 사람이 올라가는 것을 도우려면 자신이 먼저 정상 가까이에 올라서야 한다." 그렇다. 우리는 사랑함으로 사업에서 성공할 수 있다.

사람을 사랑하면 인간관계에서 성공한다

사업 성공의 지침은 인력 자원 분야에도 적용할 수 있다. 많은 성공한 기업은 그들의 가장 큰 자산이 직원들임을 깨달았다. 그들은 또한 동료 직원들이 언제나 긍정적 작업 환경을 유지하는 것은 아니며, 사무실에 긴장이 고조되면 생산성이 떨어진다는 사실도 알게 되었다. 나는 작업 분위기를 바꾸는 데 5가지 사랑의 언어 개념을 이해하고 적용하는 것보다 더 효과적인 방법을 알지 못한다.

다시 바바라와 마릴린 이야기

12장에서 만났던 마릴린을 기억하는가? 그녀에게는 바바라라는 동료가 있었다. 마릴린은 바바라가 자기 몫의 일을 제대로 하지 못해 탐탁지 않게 여기고 있었다. 5가지 사랑의 언어에 대해 듣고 난 후 마릴린은 바바라의 주된 사랑의 언어를 발견하여 그녀에게 의미 있는 사랑과 감사를 표현할 때 어떤 일이 벌어지는지 보기로 했다. 그녀는 직장 동료들에게 도움이 될 만한 일을 하기로 새해 결심을 세웠고, 바바라를 포함한 동료 직원들에게 각자에게 도움이 될 만한 일을 한 가지씩 말해 달라고 했다.

바바라는 오히려 마릴린이 먼저 얘기해 주면 자기도 말하겠다고 했다. 생각 끝에 마릴린은 그녀의 의견에 동의했다. 마릴린은 바바라에게 매일 아침 사무실 동료들을 위해 커피 타는 일을 도와달라고 말했다. 바바라는 그러겠다고 말한 후 마릴린에게 자기가 일을 잘하면 인정하는 말을 해달라고 했다. "긍정적인 말은 언제나 제게 큰 의미가 있었거든요. 그런데 여기서는 늘 비판받는 기분이에요. 그쪽에서 나를 비판했다는 얘기는 아니에요. 하지만 제가 일을 잘한다고 생각해 주는 사람이 있었으면 좋겠어요." 바바라의 주된 사랑의 언어는 인정하는 말인 것이 분명했다. 12장에서 약속한 대로 이제 나머지 사연을 소개하겠다.

마릴린은 바바라의 요청을 듣고 고민을 많이 했다. 마릴린은 바바라가 해야 할 일을 제대로 하지 않는 것 때문에 그녀를 못마땅해 하고 있었는데 그런 상황에서 어떻게 인정하는 말을 할 수 있겠는가? 바바라가 마릴린을 도와 격주로 커피를 준비하기로 했기 때문에 마릴린은 우선 거기서부터 시작하기로 했다. 첫째 주 수요일에 마릴린은 바바라에게 이렇게 말했다. "이번 주에 커피를 준비해 줘서 얼마나 고마운지 모르겠어요. 그 일을 잠시 쉬니까 정말 좋네요. 도와줘서 무척 고마워요."

"도울 일이 또 있다면…"
바바라가 말했다. "도울 수 있어서 기뻐요. 도울 기회를 줘서 고맙고요. 도울 일이 또 있다면 주저하지 말고 말씀하세요."

마릴린은 어리벙벙한 채 자리로 돌아왔다. 방금 바바라가 한 말을 믿을 수가 없었다. 제 할 일을 하지 않는다고 2년 동안 괘씸하게 여겼던 그 바바라가 이제 자신을 돕겠다고 자청하고 있었다. 마릴린은 이렇게 혼잣말을 했다. '사랑의 언어에 대해 왜 진작 알지 못했을까? 그런데 그녀에게 또 다른 요청을 할 수 있을까?' 그녀는 곰곰이 생각했다. '다른 영역에서 또 다른 칭찬을 하지 않고는 그럴 수 없지. 하지만 어떤 영역이 좋을까?'

마릴린은 그 생각을 접어놓고 다시 일하기 시작했다. 다음 날 그녀는 바바라의 헤어스타일이 달라진 것을 눈치챘다. 옛날 같으면 꽁한 마음 때문에 아무 말도 안 했겠지만 그날은 "헤어스타일이 멋지군요. 잘 어울리는데요."라는 말이 거침없이 나왔다.

바바라가 말했다. "고마워요. 오래전부터 헤어스타일을 바꾸고 싶

없는데 마침내 용기를 냈어요."

"정말 근사해요. 잘 바꾼 것 같아요."

이틀 후, 마릴린은 바바라에게 이렇게 말했다. "어젯밤에 퇴근할 때 보니까 그때까지 사무실에서 일하고 있더군요. 오래 일했어요?"

"20분 정도 더했어요. 하던 일을 끝내고 싶었거든요."

"정말 훌륭하네요. 개인 시간까지 내서 일을 마무리하다니……. 당신이 얼마나 성실한지 마빈에게 꼭 말해야겠어요."

"어머나, 고마워라. 그럼 정말 고맙겠어요."

마릴린은 자리로 돌아가 앉으면서 이렇게 생각했다. '이거 정말 할 만한데!'

"기꺼이 그러겠어요"

다음 주 마릴린은 바바라에게 가서 이렇게 말했다. "저번에 도울 일이 있으면 말해 달라고 했었는데 괜찮겠어요?"

"그래요."

"한 가지예요. 인쇄소에 갈 때 제 프린터 용지도 사다 줄 수 있을까요? 그냥 보통 용지면 돼요."

"기꺼이 그러죠."

"괜찮다면 커피를 타는 일처럼 이것도 교대로 하면 좋겠는데……. 그럼 우리 둘 다 같은 장소에 매주 갈 필요가 없잖아요."

"아뇨, 괜찮지 않아요. 인쇄소 가는 거 좋아해요. 거기 새로 온 직원을 한 명 눈여겨보고 있거든요. 지금까지는 별로 반응이 없었지만 앞으로 잘되길 바라고 있어요."

두 사람은 웃음을 터뜨렸고 마릴린은 자기 자리로 돌아갔다.

그다음 몇 달에 걸쳐 마릴린은 바바라에게 계속 인정하는 말을 했고 바바라도 가끔 도움을 바라는 마릴린의 요청에 계속 응했다. 그해가 다 가기 전, 두 사람은 함께 점심을 먹으러 나가는 사이가 되었다. 전에는 한 번도 없던 일이었다.

마릴린이 말했다. "우리는 정말 친구가 되었어요. 믿기 어려웠죠. 그 일로 저는 상대방의 주된 사랑의 언어로 말할 때 사랑이 얼마나 큰 힘을 발휘하는지 보았어요. 덕분에 사무실 분위기가 완전히 변했어요. 바바라뿐 아니라 나머지 직원들과의 관계도 달라졌거든요."

마릴린은 사랑을 통해 바바라와 좋은 관계를 이루게 되었다.

사랑하는 것이 위선일까?

상대방을 사랑하는 것처럼 행동하라

악감정을 가진 사람을 사랑한다는 생각에 의문을 제기할 사람도 있을 것이다. 그건 위선이 아닐까? 안 좋은 감정이 있으면서 좋게 말하고 행동하는 것 말이다. 나는 그런 질문을 들을 때마다 영국인 학자 C. S. 루이스의 말이 떠오른다.

우리 모두에게 주어진 법칙은 간단합니다. 자신이 이웃을 사랑하는가, 사랑하지 않는가로 고민하느라 시간을 낭비하지 마십시오. 그냥 그를 사랑한다고 여기고 행동하십시오. 그러면 곧 위대한 비밀 하나를 발견하게 될 것입니다. 어떤 사람을 사랑한다고 여기고 행동하면 얼마 지나지 않아 진짜로 그를 사랑하게 된다는 걸 말입니다. 어떤 사람이 싫다고 그에게 상처를 주면 점점 더 싫어지게 됩니다. 그러나 싫은 사람이라도 잘 대해 주면 싫은 정도가 점점 덜해집니다.[5]

기분을 무시하라

때로 사랑은 감정을 거스르는 선택이 된다. 그것은 매일 아침 잠자리에서 일어날 때 내가 하는 행동과 비슷하다. 당신은 어떨지 모르지만 내가 일어나고 싶은 기분이 들 때만 잠자리에서 일어난다면 내 등에는 욕창이 생기고 말 것이다. 오늘 아침은 물론이고 거의 매일 아침 나는 기분을 거스르고 자리에서 일어나 건전한 일이라고 생각하는 일들을 한다. 그리고 하루가 끝나기 전에 내가 한 일에 대해 흐뭇해 한다.

사랑은 감정이 아니다. 사랑은 행동 방식이다. 감정은 행동에 뒤따른다. 그러므로 사랑의 감정은 사랑의 행동에 뒤따라 나타난다. 내가 사랑의 행위들을 하면 자신에 대해 기분이 좋아질 뿐 아니라, 상대방의 사랑의 언어로 사랑을 표현하면 상대방도 좋은 감정을 갖게 된다.

누군가 이렇게 말했다. "가장 손쉬운 길을 따라가면 사람이건 강이건 구부러진다. 사람들이 되는 대로 떠내려가다 성공하는 경우는 거의 없다." 사랑에는 노력이 들지만 거기에는 엄청난 유익이 따른다.

성공적인 관계로 가는 길

다른 사람의 사랑의 언어를 발견하고 구사할 줄 알게 되면 성공의 길을 향해 거보를 내딛게 된다.

밖에서 활동하는 것을 좋아하는 팀은 어머니의 사랑의 언어를 알고 난 후 집에 있는 동안 나이 든 어머니와 더 많은 시간을 보내기로 했다. 그는 어머니가 아파트를 빌려 이사할 생각을 하시는 걸 알고는 그의 집에서 함께 살자고 말씀드렸다.

"어머니는 이제 일흔셋이시고 여러 가지 건강상의 문제가 있으세요. 저는 5가지 사랑의 언어에 대해 듣고 어머니의 사랑의 언어가 함께하는 시간임을 알았어요. 그때부터 저는 자리에 앉아서 어머니와 대화를 나누는 시간을 매일 내기 시작했어요. 전에는 제가 어머니를 부양하니까 당연히 제 사랑을 느끼고 계시겠거니 했어요. 하지만 어머니에게 함께하는 시간을 내어 드리기 시작한 후로 표정이 완전히 달라지셨어요.

어머니, 다른 가족들, 친구들, 장래를 같이할 특별한 크리스천 여성과의 관계에도 5가지 사랑의 언어에 대한 개념을 적용하고 싶어요."

팀은 사랑이 성공을 가져다준다는 것을 배웠다.

우리의 진보를 평가하기

평가는 많은 기업에서 키워드가 되었다. 당신은 이렇게 말하는 찰린에게 공감할 수 있을 것이다. "오늘 아침에는 약간 긴장이 되었어요. 오후에 상사와 연례 평가가 있거든요. 아무 문제 없다고 생각하지만 사람 일은 모르는 거잖아요."

평가의 목적은 직원을 겁주기 위함이 아니라, 업무 목표에 초점을 맞춰 그 목표가 얼마나 잘 달성되고 있는지 살피기 위함이다. 한마디로 평가는 그 사람이 성공하고 있는지 알아보는 일이다. 이 평가를 인간관계에 적용한다면 좋은 열매를 맺을 수 있을 것이다.

몇 년 전, 나는 한 소년의 이야기를 들었다. 소년은 약국에 들어오더니 전화 좀 써도 되느냐고 물었다. 그리고 나서 어떤 번호로 전화를 걸더니 이렇게 말했다. "안녕하세요, 앤더슨 박사님? 잔디 깎고 심부름할 소년을 고용할 생각 없으신가요?"

"아, 벌써 한 명을 쓰고 계시다고요? 그 소년에게 만족하시나요? 그렇군요. 그럼 안녕히 계세요."

소년이 약사에게 고맙다고 말하자 약사가 말했다. "잠깐만, 얘야. 일자리를 찾고 있다면 내게도 일꾼이 필요한데……."

"고맙습니다. 하지만 저는 일자리가 있어요."

"그래? 방금 네가 앤더슨 박사님 댁에 일자리를 얻고 싶어하는 걸 들은 것 같은데?"

"아니에요. 제가 앤더슨 박사님을 위해 일하는 소년이에요. 제가 잘하고 있는지 확인해 본 거예요."

우리도 자신의 상태를 확인해 본다면 유익을 얻을 수 있을 것이다. 친구, 동료, 가족에게 이렇게 물어보면 어떨까? "내가 어떤 행동을 바꾸면 너의 삶이 나아질까?" 용감하게 물어본 다음에는 씩씩하게 귀를 기울여야 한다. 당신이 듣는 내용이 그 사람과의 관계에서 개선되어야 할 부분일지도 모르기 때문이다.

그럼 당신은 이렇게 물을지도 모르겠다. "그가 정말 어려운 것을 요청하면 어떻게 하지?" 나의 답변은 이렇다. "다른 사람의 유익을 위해 무엇을 하는 것, 그것이 바로 사랑입니다!" 쉬운 일만 한다면 결코 성공할 수 없다. 당신이 성공으로 가는 길에 제대로 들어섰는지 알 수 있는 확실한 방법이 하나 있다. 지금 오르막길을 가고 있는지 보는 것이다.

나를 사랑하지 않는 사람을 사랑하기

우리를 사랑하는 사람들을 사랑하는 데는 대부분 별문제가 없다. 그런데 예수님이 제자들에게 하신 말씀은 도통 불가능해 보인다. "또 네 이웃을 사랑하고 네 원수를 미워하라 하였다는 것을 너희가 들었으나 나는 너희에게 이르노니 너희 원수를 사랑하며 너희를 박해하는 자를 위하여 기도하라"(마 5:43-44). 예수님이 하나님을 우리의 본으로 제시하시며 다음과 같이 말씀하신 것은 흥미롭다. "하나님이 그 해를 악인과 선인에게 비추시며 비를 의로운 자와 불의한 자에게 내려주심이라"(마 5:45).

당신은 이렇게 생각할지도 모르겠다. '하나님이야 그러시겠지. 하지만 난 하나님이 아니잖아. 나는 나를 구박하는 사람들을 사랑할 수 없어.' 하나님의 도움이 없다면 당연히 그럴 것이다. 그러나 성경은 "우리에게 주신 성령으로 말미암아 하나님의 사랑이 우리 마음에 부은 바 됨"(롬 5:5)이라고 말한다.

사랑은 기독교회의 핵심 메시지다. "우리가 아직 죄인 되었을 때에 그리스도께서 우리를 위하여 죽으심으로 하나님께서 우리에 대한 자기의 사랑을 확증하셨느니라"(롬 5:8).

자신을 그리스도인이라 여기는 싱글이 정말 그리스도인다운 삶을 산다면 어떤 일이 벌어질지 상상해 보라. 모든 사람은 사랑이 절실히 필요하다. 사랑을 주는 사람이야말로 참으로 성공한 사람이다.

캘커타의 마더 테레사는 그 진리를 깨달았다. "수녀님께서는 성공을 어떻게 측정하십니까?"라는 질문을 받고 그녀는 한동안 어리둥절한 표정을 짓더니 이렇게 대답했다. "주님이 성공에 대해 말씀하신 기억은 없습니다. 그분은 사랑으로 나타나는 충실함만을 말씀하셨습니다. 정말 중요한 성공은 그것뿐입니다."[6]

마더 테레사가 세상에 지울 수 없는 흔적을 남긴 이유는 한 가지였다. 그녀는 하나님의 사랑을 다른 사람들에게 전하는 통로가 되도록 마음을 열었다.

모든 싱글이 이룰 수 있는 가장 큰 기여는 하나님의 사랑이 흐르는 통로가 되는 것이다. 이 책에 힘입어 당신이 더 효과적으로 그렇게 될 수 있기를 기도한다.

생각할 질문　　　　　　　　　　　　　QUESTIONS TO PONDER

1. 당신은 직장 동료와의 인간관계에서 얼마나 성공했다고 느끼는가? 동료들과의 관계를 개선하고 싶다면 누구부터 시작할 것인가?

2. 직장 동료의 주된 사랑의 언어를 찾으려면 어떤 질문이 도움되겠는가? (8장 후반부를 참고하라.) 동료의 주된 사랑의 언어를 이미 알고 있다면 이번 주에는 어떤 언행으로 당신의 사랑을 전하겠는가?

3. 주위에 당신이 못마땅하게 여기는 사람이 있는가? 어떤 일 때문에 그런 감정을 갖게 되었는가? 그 사람과의 관계 개선을 위해 어떤 조치를 취할 수 있겠는가?

4. 현재 당신에게 가장 스트레스가 되는 사람은 누구인가? 그 사람의 사랑의 언어를 배움으로써 그와의 관계를 개선할 의향이 있는가?

5. 당신은 하나님의 사랑에 의지하여 다른 사람들을 사랑하려 노력하는가? 하나님과의 사랑의 관계를 더욱 굳건히 하기 위해서는 어떻게 해야 하는가?[7]

THE FIVE LOVE LANGUAGES PROFILE

5가지 사랑의 언어 검사표

인정하는 말, 함께하는 시간, 선물, 봉사, 스킨십, 이 중에서 당신의 주된 사랑의 언어는 무엇인가? 이미 파악한 사람도 있겠지만 전혀 감을 잡지 못하는 사람도 있을 것이다. "5가지 사랑의 언어 검사표"를 이용하면 자신의 주된 사랑의 언어를 분명히 알 수 있다.

검사표에는 30쌍의 진술이 나와 있다. 각 쌍을 읽어 보고 자신의 성향에 맞는 쪽을 선택한 후 오른쪽의 문자에 동그라미를 치라. 둘 다 선택할 수 있는 경우도 있겠지만 정확한 검사 결과를 원한다면 한 가지만 선택해야 한다.

검사표의 진술을 읽을 때 "특별한 사람" 또는 "사랑하는 사람"이라는 말이 나올 것이다. 사랑이나 사랑의 언어에 대해 생각할 때 우리는 즉시 낭만적 관계를 떠올리기 쉽다. 그러나 우리는 다양한 상황과 관계에서 사랑과 애정을 표현한다. 남자 친구나 여자 친구, 좋은 친구, 부모, 동료 등 자신과 가까운 소중한 사람들을 생각하면서 검사표를 작성하라.

시간 여유가 많을 때 검사표를 작성하라. 각 쌍에서 답을 모두 고른 후에는 처음으로 돌아가서 자신이 선택한 문자의 개수를 세어 보라. 검사표 끝에 있는 빈칸에 합산 결과를 적으라. 그다음 검사표 뒤에 나오는 "검사 결과 해석 및 사용"을 읽으라.

1. 나는 나를 인정하는 내용의 쪽지를 받길 좋아한다.　　　A
   나는 안기는 것이 좋다.　　　E

2. 특별한 사람과 일대일로 시간을 보내는 게 좋다.　　　B
   누군가 내게 실제적인 도움을 줄 때 사랑받는다고 느낀다.　　　D

3. 사람들에게서 선물을 받는 게 좋다.　　　C
   친구나 사랑하는 사람들을 만나 여유 있게 시간을 보내는 게 좋다.　　　B

4. 사람들이 나를 도와줄 때 사랑받는다고 느낀다.　　　D
   사람들이 나를 만질 때 사랑받는다고 느낀다.　　　E

5. 내가 사랑하거나 흠모하는 사람이 내 어깨에 팔을 두르면 사랑받는다고 느낀다.　　　E
   내가 사랑하거나 흠모하는 사람의 선물을 받을 때 사랑받는다고 느낀다.　　　C

6. 친구나 사랑하는 사람들과 함께 여기저기 다니는 것이 좋다.　　　B
   내게 특별한 사람들과 하이파이브를 하거나 손을 잡는 게 좋다.　　　E

7. 나에게는 눈에 보이는 사랑의 상징(선물)이 아주 중요하다.　　　C
   사람들이 인정해 줄 때 사랑받는다고 느낀다.　　　A

8. 좋아하는 사람 곁에 가까이 앉는 게 좋다.　　　E
   내가 매력적이라고/잘생겼다고 말해 주는 사람이 좋다.　　　A

9. 친구나 사랑하는 사람들과 시간을 보내는 게 좋다.　　　B
   친구나 사랑하는 사람들에게서 작은 선물을 받는 게 좋다.　　　C

10. 인정하는 말이 중요하다.　　　A
    누군가 나를 도와주면 그 사람이 나를 사랑한다고 생각한다.　　　D

11. 친구나 사랑하는 사람들과 함께 있거나 함께 어떤 일을 하는 걸 좋아한다.   B
    친절한 말을 들을 때가 좋다.   A

12. 상대방이 하는 말보다 그 사람의 행동이 내게 더 큰 영향을 준다.   D
    포옹을 하면 친밀한 느낌, 상대방이 나를 소중히 여긴다는 느낌이 든다.   E

13. 나는 칭찬을 소중히 여기고 비판을 피하려 든다.   A
    커다란 선물 하나보다 작은 선물 여러 개가 더 의미 있다.   C

14. 누군가와 함께 이야기하거나 뭔가를 같이하면 그와 가깝게 느껴진다.   B
    친구나 사랑하는 사람들이 나를 자주 만져 주면 더욱 친밀감을 느낀다.   E

15. 사람들이 내가 한 일을 칭찬하는 게 좋다.   A
    사람들이 날 위해 하기 싫은 일을 할 때 그들의 사랑을 느낀다.   D

16. 친구나 사랑하는 사람들이 나를 만지면서 지나가는 게 좋다.   E
    사람들이 내 말을 경청하고 내 말에 진정한 관심을 보이는 게 좋다.   B

17. 친구나 사랑하는 사람들이 내 업무나 일을 도와줄 때 그들의 사랑을 느낀다.   D
    친구나 사랑하는 사람들에게서 선물을 받는 게 정말 좋다.   C

18. 사람들이 내 외모를 칭찬하는 게 좋다.   A
    사람들이 내 기분을 이해하기 위해 시간을 낼 때 그들의 사랑을 느낀다.   B

19. 특별한 사람이 나를 만져 줄 때 안정감을 느낀다.   E
    봉사를 받으면 사랑받고 있음을 느낀다.   D

20. 특별한 사람들이 나를 위해 하는 많은 일에 감사한다.   D
    특별한 사람들이 나를 위해 만든 선물을 받는 걸 좋아한다.   C

21. 누군가의 온전한 관심을 받을 때 기분이 정말 좋다.   B
    누군가 나를 위해 봉사할 때 기분이 정말 좋다.   D

22. 생일에 선물로 축하를 받을 때 사랑받는다고 느낀다.   C
     생일에 뜻깊은 말로 축하를 받을 때 사랑받는다고 느낀다.   A

23. 상대방이 선물을 주면 그 사람의 특별한 마음이 느껴진다.   C
     상대방이 나의 허드렛일을 도와줄 때 사랑받는다고 느낀다.   D

24. 누군가 내 말을 끊지 않고 참을성 있게 들어 줄 때 고마움을 느낀다.   B
     누군가 특별한 날을 기억하고 선물을 줄 때 고마움을 느낀다.   C

25. 사랑하는 사람들이 내게 관심을 갖고 내 일상 업무를 도와줄 때 기분이 좋다.   D
     특별한 사람과 함께 장기 여행을 다니는 게 좋다.   B

26. 가까운 사람에게 키스하거나 키스를 받는 것이 좋다.   E
     특별한 이유 없이 선물을 받으면 신이 난다.   C

27. 고맙다는 말을 듣는 게 좋다.   A
     대화를 나누는 사람이 나를 쳐다보는 게 좋다.   B

28. 친구나 사랑하는 사람이 준 선물은 내게 언제나 특별하다.   C
     친구나 사랑하는 사람이 나를 만질 때 기분이 좋다.   E

29. 상대방이 내가 요청한 어떤 일을 열정적으로 할 때 그 사람의 사랑을 느낀다.   D
     너무나 고맙다는 말을 들을 때 사랑받고 있음을 느낀다.   A

30. 나는 매일 누가 만져 줘야 한다.   E
     나는 매일 인정하는 말을 들어야 한다.   A

TOTAL

A _____ B _____ C _____ D _____ E _____

A. 인정하는 말   B. 함께하는 시간   C. 선물   D. 봉사   E. 스킨십

INTERPRETING AND USING YOUR PROFILE SCORE
검사 결과 해석 및 사용

어떤 사랑의 언어의 점수가 가장 높게 나왔는가? 그것이 당신의 주된 사랑의 언어다. 두 언어의 합계가 같다면 당신은 "2중 언어 사용자"이고 주된 사랑의 언어가 두 개라는 뜻이다. 주된 사랑의 언어 다음으로 점수가 높게 나온 제2의 사랑의 언어도 사랑을 표현하는 중요한 도구가 된다. 한 가지 사랑의 언어의 최고점은 12점이다.

특정한 사랑의 언어가 다른 것들보다 높게 나왔다고 해서 다른 언어들을 무시해서는 안 된다. 친구들이나 사랑하는 사람들이 그 언어들을 가지고 사랑을 표현할 수도 있기 때문이다. 그러나 친구들과 사랑하는 사람들이 당신의 언어를 알고 당신이 사랑으로 받아들이는 방식으로 애정을 표현한다면 유익할 것이다. 당신이나 그들이 서로의 사랑의 언어로 말할 때마다 사랑의 점수가 점점 더 높아지게 된다. 물론 점수를 기록하는 사람은 없다. 상대방의 사랑의 언어로 말할 때 나타나는 결과는 "이 사람이 나를 이해하고 아끼느구나"라는 느낌에 가깝다. 시간이 지나며 이러한 느낌이 커지면서 더욱 강한 유대감이 생겨난다.

THE FIVE LOVE LANGUAGES FOR SINGLES

　상대방의 사랑의 언어를 알아내고 구사하면 관계가 돈독해지는 반면, 그것을 소홀히 할 때는 친구나 사랑하는 사람이 사랑받지 못한다고 느끼게 된다. 사람들이 사랑으로 느끼는 방식으로 사랑을 전하지 않으면, 제아무리 진실한 사랑의 노력이 있다 해도 열매를 맺지 못한다. 이렇게 되면 사랑을 주는 쪽이나 받는 쪽 모두 답답해진다. 당신은 자기도 모르는 사이 사랑하는 사람에게 "낯선" 사랑의 언어로 말한 적이 있을지도 모른다. 사랑의 언어의 개념을 이해하면 상대방에게 당신의 감정이 제대로 전달될 수 있도록 효과적으로 표현하게 될 것이다.
　당신에게 특별한 사람들이 아직 자신의 사랑의 언어를 모른다면 "5가지 사랑의 언어 검사"를 해보도록 권하자. 그런 다음 당신과 그들 각자의 사랑의 언어에 관해 이야기하자. 거기서 얻은 통찰력이 그들과 당신의 관계를 돈독하게 만들어 줄 것이다.

THE FIVE LOVE
LANGUAGES
FOR SINGLES

주

01

1. 미국 통계국, "15세 이상 사람들의 나이별, 성별, 수입별, 민족별 결혼 상태," 표 A1, March 2001. 이 표에 따르면 18세 이상 미국인의 총수는 2001년 3월 현재 2억 7백만 명이다.
2. George Barna, *Single Focus*(Ventura, Calif.: Regal, 2003), 8.
3. Ibid., 12.
4. 미 국립보건통계센터, *Vital Statistics of the United States, 2001*(Washington, D.C.), 42.
5. 미 질병예방통제센터, *First Marriage Dissolution, Divorce And Remarriage in The United States*(Washington, D.C.), May 2001 Report.
6. Barna, *Single Focus*, 11. 국립보건통계센터의 보고에 따르면 이 이혼자들의 75%는 결국 다시 결혼한다.
7. 미국 통계국, *Statistical Abstract of the United States, 2000*(Washington, D.C.), Table 55.
8. Ibid., Table 64.
9. Barna, *Single Focus*, 16.
10. Leo Buscaglia, *Love*(New York: Fawcett Crest, 1972), 55-56.

02

1. Dorothy Tennov, *Love and Limerence*(New York: Stein and Day, 1979), 142.

04

1. Gary Chapman, *The Five Love Languages*(Chicago: Northfield, 1992, 『5가지 사랑의 언어』), 75.

05

1. Philip Yancey, *Leadership*, Fall 1995, 41.
2. Leo Buscaglia, *Love*(New York: Fawcett Crest, 1972), 58.

06

1. Leo Buscaglia, *Love*(New York: Fawcett Crest, 1972), 17.
2. Buscaglia, *Love*, 77.
3. *Los Angeles Herald Examiner*, November 22, 1970, A-7, col. 3.

07

1. Leo Buscaglia, *Love*(New York: Fawcett Crest, 1972), 104.
2. Kersti Yllo and Murray A. Straus, "Interpersonal Violence among Married and Cohabiting Couples," *Family Relations 30*(1981), 343.
3. Erich Fromm, *The Art of Loving*(New York: Harper & Row, 1956), 77-78.
4. Pitirim A. Sorokin, *The American Sex Revolution*(Boston: Porter Sargent, 1956), 3.
5. Glenn T. Stanton, *Why Marriage Matters*(Colorado Springs: Pinon, 1997), 53.
6. William G. Axinn & Arland Thornton, "The Relationship between Cohabitation and Divorce: Selectivity or Causal Influence?" *Demography 29*(1992), 357-374.
7. Jan E. Stets, "The Link between Past and Present Intimate Relationships," *Journal of Family Issues 14*(1993), 236-260.
8. Edward Laumann, John Gagnon, Robert Michael, and Stuart Michaels, *Social Organization of Sexuality: Sexual Practices in the United States*(Chicago: Univ. of Chicago Press, 1994), Table 11.12.
9. Linda G. Waite and Maggie Gallagher, *The Case for Marriage*(New York: Doubleday, 2000), 91.
10. Gary Chapman, *The Five Love Languages of Teenagers*(Chicago: Northfield, 2000, 『십대의 5가지 사랑의 언어』), 69.

10

1. Erich Fromm, *The Art of Loving*(New York: Harper & Row, 1956), 1-2.

11

1. Linda J. Waite and Maggie Gallagher, *The Case for Marriage: Why Married People are Happier, Healthier, and Better Off Financially*(New York: Doubleday, 2000), 2.
2. Arthur Levine and Jeanette S. Cureton, *When Hope and Fear Collide*(San Francisco: Jossey-Bass, 1998), 95.
3. Waite and Gallagher, *The Case for Marriage*, 2.
4. 연인과 함께 서로의 정서적 친밀도를 측정하는 방법을 하나 소개하겠다. 서로의 관계에서 사랑, 존중, 인정, 이 세 가지 요소가 각각 어느 정도 있는지 점수를 매기는 것이다. 1부터 10까지의 척도로 각 요소의 점수를 매겨 보라. 점수를 높거나 낮게 매긴 이유를 서로에게 말하라. 예를 들어 보라.
5. Neil Howe and William Strauss, *Thirteenth GEN*(New York: Vintage Books, 1993), 148.
6. Glenn T. Stanton, *Why Marriage Matters*(Colorado Springs: Pinon, 1997), 34.
7. Kim McAlister, "The X Generation," *HR Magazine*, May 1994, 21.

13

1. 아만다의 사연은 Gary Chapman, *The Five Love Languages of Teenagers*(Chicago: Northfield, 2000), 217-218에 실린 내용을 각색한 것이다.
2. Shmuel Shulman and Inge Seiffge-Krenke, *Fathers and Adolescents*(New York: Routledge, 1997), 97.
3. Gary Chapman and Ross Campbell, *The Five Love Languages of Children*(Chicago: Northfield, 1997, 『자녀의 5가지 사랑의 언어』), 173-174.
4. Sherill and Prudence Tippins, *Two of Us Make a World*(New York: Holt, 1995), 56.
5. 다음 자료가 도움이 될 것이다. Gary Chapman and Ross Campbell, "The Five Love Languages of Children Video Pack"(Nashville: Lifeway Christian Resources, 1998).

14

1. Tom Peters, *Thriving on Chaos: Handbook for a Management Revolution*(New York: Random House audio books, 1987).
2. Kevin Leman, *Winning the Rat Race Without Becoming a Rat*(Nashville: Nelson, 1996), 60, 99, 100.
3. Ibid., 100.
4. Zig Ziglar, *Over the Top*(Nashville: Nelson, 1994), 18.
5. C. S. Lewis, *Mere Christianity*(New York: Macmillan, 1952, 『순전한 기독교』, 홍성사), 116.
6. James S. Hewett, ed., *Illustrations Unlimited*(Wheaton: Tyndale, 1988), 470.
7. 실제적인 도움을 원한다면 Gary Chapman, *The Love Languages of God*(Chicago: Northfield, 2002)을 참조하라.

사명선언문

너희가 흠이 없고 순전하여……세상에서 그들 가운데 빛들로
나타내며 생명의 말씀을 밝혀 _ 빌 2:15-16

1. 생명을 담겠습니다
만드는 책에 주님 주신 생명을 담겠습니다.
그 책으로 복음을 선포하겠습니다.

2. 말씀을 밝히겠습니다
생명의 근본은 말씀입니다.
말씀을 밝혀 성도와 교회의 성장을 돕겠습니다.

3. 빛이 되겠습니다
시대와 영혼의 어두움을 밝혀 주님 앞으로 이끄는
빛이 되는 책을 만들겠습니다.

4. 순전히 행하겠습니다
책을 만들고 전하는 일과 경영하는 일에 부끄러움이 없는
정직함으로 행하겠습니다.

5. 끝까지 전파하겠습니다
모든 사람에게, 땅 끝까지, 주님 오시는 그날까지
복음을 전하는 사명을 다하겠습니다.

서점 안내

광화문점 서울시 종로구 새문안로 69 구세군회관 1층
02)737-2288 / 02)737-4623(F)

강남점 서울시 서초구 신반포로 177 반포쇼핑타운 3동 2층
02)595-1211 / 02)595-3549(F)

구로점 서울시 동작구 시흥대로 602, 3층 302호
02)858-8744 / 02)838-0653(F)

노원점 서울시 노원구 동일로 1366 삼봉빌딩 지하 1층
02)938-7979 / 02)3391-6169(F)

분당점 경기도 성남시 분당구 황새울로 315 대현빌딩 3층
031)707-5566 / 031)707-4999(F)

일산점 경기도 고양시 일산서구 중앙로 1391 레이크타운 지하 1층
031)916-8707 / 031)916 8788(F)

의정부점 경기도 의정부시 청사로47번길 12 성산타워 3층
031)845-0600 / 031)852-6930(F)

인터넷서점 www.lifebook.co.kr